Torrentius

Du même auteur

Aux éditions Thierry Magnier

Chat qui lit jamais ne s'ennuie, 2014.

Un caillou sur le toit, 2015.

Aux Éditions Fayard

Le Festin d'Alice, 2009.

Aux Éditions La Branche

Vitrage à la corde, 2007.

Aux Éditions Gallimard

Cahin-Chaos, 2005.

Barnum TV, 2004.

Noël au balcon, 2001. Folio, 2004.

Nébuleuse.org, 2002.

Royal Cambouis, 2002. Folio, 2005

Colin Thibert
Torrentius

Roman

ÉPREUVES
NON CORRIGÉES

Éditions Héloïse d'Ormesson

www.editions-heloisedormesson.com

ISBN 978-2-35087-537-8

C'EST UNE PETITE EAU-FORTE d'une obscénité remarquable. Dans le désordre d'un lit, une femme nue, cambrée, qu'un homme prend par derrière, une main lutinant le téton gauche, l'autre soulevant la jambe droite à la pliure du genou. Les seins, le ventre et les cuisses ont le luisant des charcuteries de qualité. La gravure est si fine que l'on pourrait compter les poils du pubis. La femme a un visage enfantin et doux, ses lèvres sont gonflées par le plaisir. L'homme paraît avoir le double de son âge : cheveux longs, frisés, bouc hérissé, face congestionnée. Sous la broussaille des sourcils, ses yeux brillent autant que le gros diamant qu'il porte à l'oreille.

– Alors, monsieur Brigby ? Que voyez-vous ?

Avec sa longue barbe, ses cheveux blancs et sa calotte, Houtmans a l'air d'un sage docteur du sanhédrin. Trompeuse apparence, il n'est qu'épicier.

– Je vois... je vois l'accouplement d'un satyre et d'une nymphe, répond Brigby dont le teint a viré au carmin.

Oppressé, il respire à petits coups dans la touffeur de la boutique.

– C'est bien plus que cela, monsieur.

– Que voulez-vous dire ? Cette scène aurait-elle un sens caché ?

Après un temps, Houtmans chuchote :

– Il s'agirait d'un autoportrait...

– Comment cela ?

– Eh bien, l'artiste s'est représenté en fornicateur.

– Vous m'en direz tant ! Et la femme ?

– Quelle importance ? C'est une putain connue sous le nom de Zwantie.

– Elle paraît si jeune, murmure Brigby, reportant son attention sur la gravure.

– Le vice n'a pas d'âge.

– Certainement.

Brigby toussote et demande :

– Vous en avez d'autres ?

Houtmans retire avec précaution l'un des tiroirs du grand meuble à épices et le pose sur le comptoir. Des parfums de poivre et de girofle se répandent. D'une cache, il sort une liasse de papier vélin nouée d'un ruban de satin vert qu'il défait. Lissant les estampes du plat de la main, il les présente, l'une après l'autre, à la curiosité avide de son client. Toutes figurent d'énergiques scènes de copulation traitées avec la même crudité, le même souci du détail. Le blanc laiteux des chairs féminines est mis en valeur par des noirs veloutés, profonds. Les hommes sont en demiteintes. Priapiques et lubriques, tous ressemblent peu ou prou, si Houtmans a dit vrai, à l'auteur des eaux-fortes dont le monogramme, *V.d.B.*, figure en bas à droite de l'image.

– Combien demandez-vous du lot ? s'enquiert Brigby.

Houtmans annonce un prix, l'Anglais se récrie, indigné.

Dans le registre qu'il tient d'une plume appliquée, Brigby note ce soir-là : « Un lot d'estampes de belle facture figurant des scènes mythologiques. Total : soixante florins. » Au terme d'un marchandage serré, il a payé plus de quatre fois cette somme à Houtmans. L'extrême rareté de telles images et leur qualité exceptionnelle justifient leur prix. En détenir est un délit passible de la prison, voire du bûcher selon les juridictions.

Grand amateur d'art, le roi Charles Ier d'Angleterre, qui n'est pas homme à faire les choses à moitié, s'est fixé pour but de constituer la plus belle collection d'Europe. Il a commencé par racheter des œuvres de peintres connus à des pairs endettés, il a surtout chargé sir Dudley Carleton, fin connaisseur, d'écumer le plat pays pour son compte lorsqu'il y était son ambassadeur. En quittant les Provinces-Unies pour assumer d'autres fonctions, sir Dudley Carleton a trouvé en Brigby un rabatteur impitoyable et compétent. Il fallait également qu'il fût d'une discrétion à tout épreuve car le roi est aussi friand de pornographie. Ses cartons secrets recèlent déjà nombre de gravures que l'on doit à des talents français ou italiens. Les unes sont plaisamment troussées, d'autres habilement exécutées, aucune n'égale le détonnant mélange d'érotisme et de précision anatomique auquel parvient ce *V.d.B.* dont Houtmans distille la production sous couvert d'épicerie.

Pour avoir examiné, chez un libraire d'Amsterdam, quelques eaux-fortes d'un jeune prodige nommé Rembrandt van Rijn, Brigby s'est demandé si V.d.B. et Rembrandt n'étaient pas un seul et même artiste. Ce Rembrandt a la réputation d'être perpétuellement à court d'argent, une discrète manufacture d'images licencieuses lui assurerait un complément de revenus. Courbé sur sa loupe, Brigby a scruté la surface grenue du papier, suivi le cheminement des traits, plus fins que des cheveux, sondé l'exceptionnelle densité des noirs. Il a découvert de troublantes similitudes entre les évocations bibliques de Rembrandt et les scènes d'orgie signées V.de.B. : même usage dramatique de l'ombre et de la lumière, même science de la composition, même emploi de la pointe sèche pour mettre en exergue les personnages du premier plan. Le libraire lui a confié qu'il arrivait aussi à Rembrandt de traiter des sujets profanes, voire triviaux, alors pourquoi pas des scènes libertines ? Mais en observant la direction des hachures, Brigby a compris que sa théorie était erronée : l'un des deux graveurs est droitier, l'autre gaucher.

Parmi les premières acquisitions de Brigby figurent des scènes d'intérieur, des paysages et des marines. Dans ce curieux pays qui parvient à se gouverner sans le secours des princes, il suffit de se rendre au marché : on peut s'y procurer de la peinture aussi aisément qu'un quartier de bœuf ou un turbot pêché du jour, souvent pour moins cher. Brigby, en revanche, a dû débourser une somme plus conséquente pour une huile sur panneau du dit Rembrandt qui, en dépit de son jeune âge, s'entend à faire grimper sa cote ; mais son interprétation du sacrifice d'Isaac, par sa vigueur et son poudroiement de lumière dorée, éclipse le travail de tous ses concurrents. Si ce Rembrandt survit aux excès de table, de boisson et de luxure qui sont le lot des Flamands, on peut gager qu'il laissera derrière lui une œuvre considérable. Il ne peint pas de natures mortes et c'est regrettable car sa Majesté les apprécie particulièrement.

Brigby entend alors parler d'un certain Torrentius, un peintre de Haarlem qui surpasserait tous ses rivaux. Une aura de mystère et de scandale flotte autour du personnage, deux excellentes raisons de se rendre sur place.

Austère et venteuse, la ville ne plaît guère à Brigby. On raconte que les prédicants y exercent une influence considérable, loin du relatif esprit de tolérance qui règne à Amsterdam, sous l'influence des Juifs. Brigby trouve à se loger chez ce que l'on pourrait appeler « un honorable correspondant », un certain Winckelboon, drapier de son état, qui pratique l'espionnage économique à ses heures, au profit de l'Angleterre.

Au nom de Torrentius, le visage de Winckelboon se ferme. L'artiste n'appartient manifestement pas au cercle des gens qu'un honnête négociant, même traître à sa patrie, estime fréquentable. Brigby insiste. Multipliant les soupirs et les mimiques de contrariété, le drapier finit par orienter son hôte vers Jeronimus Cornelisz, l'apothicaire qui vend au peintre ses huiles et ses pigments.

Le crocodile de tôle peinte qui tient lieu d'enseigne à la pharmacie grince lugubrement aux bourrasques venues de la mer. Brigby pousse la porte. L'échoppe est vide, il y flotte un parfum de soufre et d'herbes sèches. Décorés d'arabesques fleuries, les bocaux de céramique alignés sur les étagères portent des noms latins. D'autres sont en verre, fermés par de gros bouchons. Ils contiennent des couleurs en poudre dont l'étiquette est libellée en caractères gothiques : cinabre, réalgar, orpiment. Moins poétique, ce schitgeel d'un vert éteint dont il n'est pas besoin de connaître le flamand pour comprendre le sens. Brigby lance quelques : « Heho ! » impérieux.

– Voilà, voilà ! entend-t-il depuis l'arrière-boutique où l'apothicaire, est sans doute occupé à concocter l'une de ses mixtures.

Brigby s'attendait à voir surgir un vieillard à barbiche coiffé d'un bonnet à gland, apparaît un trentenaire osseux, au teint bilieux, dont les cheveux noirs, séparés par une raie médiane, tombent droit jusqu'au col de dentelle blanche, très simple, qui rehausse la noirceur de l'habit par ailleurs constellé de taches. Sous l'arc net des sourcils, le regard est pénétrant. La bouche est étirée et mince, le nez étroit, sensible.

– Que puis-je pour vous ?

– On me dit, monsieur, que vous êtes en affaires avec le peintre Torrentius ?

– Je me flatte d'être son fournisseur, mais également son ami, répond l'apothicaire.

– Où puis-je le rencontrer ?

Cornelisz dévisage son visiteur en silence. Brigby précise, péremptoire :

– Je suis John Seymour Brigby. Sachez que je suis mandaté par sir Dudley Carleton, ex-ambassadeur de sa gracieuse Majesté, le roi Charles Ier d'Angleterre, pour acquérir des œuvres auprès des meilleurs peintres de votre pays.

– Une louable entreprise s'il en est.

Brigby croit déceler une pointe de sarcasme dans le commentaire. Lorsqu'un peuple est gouverné par un *stadhouder* au lieu d'un souverain, note-t-il à part lui, les bonnes manières et le respect dû aux classes dirigeantes tendent à se perdre.

– Ce Torrentius m'a été chaudement recommandé par des connaisseurs…

– S'agissant de natures mortes, il est incontestablement le meilleur, confirme l'apothicaire.

– Voici qui me plaît et qui plaira à sa Majesté le Roi. Où et quand puis-je voir ses œuvres ?

– Torrentius, monsieur, n'est pas d'un abord facile, répond Cornelisz après un silence.

– Faites-lui savoir qui je suis.

– Cela lui sera sans doute indifférent.

– Vous me surprenez.

– Torrentius est un homme qui n'obéit qu'à sa fantaisie et à son bon plaisir. Je vais voir ce que je peux faire et vous en aviserai. Où peut-on vous trouver ?

– Chez monsieur Winckelboon, le drapier.

Trois jours. Brigby, ulcéré, doit patienter trois jours pleins avant d'être avisé que Torrentius consent à le recevoir. C'est ainsi, du moins, qu'il interprète le message qui lui a été remis par un domestique nonchalant du nom de Klaas. Dans l'intervalle, Brigby a fait l'acquisition de plusieurs compositions florales d'un goût raffiné. Les Hollandais sont passés maîtres dans l'art de faire pousser les fleurs mais également de les peindre : à ces bouquets, un peu trop parfaits pour être vrais, escargots, limaçons, papillons et scarabées apportent une touche réaliste. Brigby a également déniché au marché deux natures mortes assez plaisantes, l'une figure des coquillages, des crustacés et des poissons plats agencés en un très savant désordre ; un chaton, dans l'ombre, convoite cette pêche miraculeuse. Sur l'autre tableau, une belle grappe de raisin, une grenade coupée en deux, des poires et un cédrat artistiquement épluché. La chair des fruits brille d'un éclat sucré qui donne envie d'y croquer. Ce Torrentius qui se fait prier pour recevoir un acheteur prestigieux, venu tout exprès d'Angleterre, est-il vraiment capable de faire mieux ?

Dix heures ont sonné au clocher de Saint Bavon lorsque surgit Klaas, vêtu de toile bise, un bonnet enfoncé sur ses cheveux filasse ; il ressemble plus à un mitron qu'à un domestique. D'un geste fort peu protocolaire, il invite Brigby à le suivre. Les deux hommes remontent la Damstraat, longent l'église, traversent le Grot Markt pour emprunter la Zijlstraat. Le peintre y occupe la moitié d'une demeure à peine moins opulente que celle de Winckelboon, ce qui laisse craindre que ses œuvres se vendent au prix fort. Brigby gravit derrière Klaas un escalier raide et ciré à la mode hollandaise avant de pénétrer dans la pièce dont Torrentius a fait son atelier. On y découvre, en un réjouissant capharnaüm, l'ensemble des accessoires grâce auxquels le peintre de natures mortes témoigne de sa dextérité à rendre les formes et les matières : animaux empaillés, minéraux, coquillages, crânes humains, ovins, caprins, pichets d'étain, de grès, de cuivre, paniers, livres, instruments de musique, fagots de partitions noués de rubans, pipes, verrerie de Bohême, bouteilles ventrues ou élancées. Le tout recouvert d'une épaisse couche de poussière et festonné de toiles d'araignée, Klaas n'est manifestement pas un athlète du plumeau. Sur un chevalet, un panneau rectangulaire, sans doute une œuvre en travail, est recouvert d'un drap. Un buffet supporte un alignement de vessies rebondies, une quantité de pots fermés par des bouchons de liège ou des tampons de chiffon, des bocaux transparents remplis de liquides allant du jaune pâle à l'ambre foncé. Dans l'air flottent des parfums mêlés : huile de lin, fiel de bœuf, tabac, une pointe d'acide nitrique.

Une presse massive, composée d'un plateau qui circule entre deux cylindres de bois maintenus par un solide bâti, intrigue Brigby. Elle sert à imprimer les estampes que l'on fait sécher ensuite sur les fils qui courent d'un mur à l'autre, lui explique Klaas. Quel type d'estampes ? demande Brigby intéressé.

– On les appelle des eaux-fortes, monseigneur.

– Je sais cela, mon ami. Je voulais dire : que représentent-elles, ces estampes ?

– Oh des… des gens, quoi. Des personnes, balbutie Klaas

qui détourne le regard et se hâte d'ajouter que son maître ne saurait tarder.

Pourquoi une question aussi banale le trouble-t-il à ce point ? se demande Brigby. Mais voici que l'on entend grincer le parquet de la pièce voisine. Torrentius fait son entrée. C'est un homme bien bâti, qui, à l'approche de la quarantaine, commence à s'empâter. Son œil pétille, ses joues et son nez couperosés trahissent le bon-vivant. Coiffés en arrière, ses longs cheveux sont maintenus par une résille, dégageant un front haut et bombé. Barbe et moustache sont peignées avec soin. À ses oreilles brillent des diamants, à ses doigts une émeraude, une améthyste, et plusieurs grenats sertis dans d'épais anneaux d'or. Il porte, sur un pourpoint de satin bicolore rehaussé de fils argentés, une fraise remarquable, moyen terme entre le modèle espagnol classique et celle que l'on appelle *à confusion* pour n'être point empesée. Brigby, vêtu lui-même d'un ensemble qui mélange subtilement le parme et l'orange brûlé se sent, face à cette apparition, tel un moineau à côté d'un paon. Le visage du peintre lui semble curieusement familier et, se remémorant soudain où il l'a vu, il est saisi d'un vertige : avec son bouc pointu, Torrentius ressemble à s'y méprendre au satyre des gravures licencieuses, celui dont l'épicier Houtmans prétendait qu'il était un autoportrait. Après avoir soupçonné à tort Rembrandt d'être le sulfureux V.d.B., se pourrait-il que ce fût cet homme ? Un détail achève de perturber Brigby : le lot de gravures que lui a vendues Houtmans était noué d'une faveur de satin vert, la même qui attache les partitions que Brigby peut apercevoir sur l'une des tables.

– Monsieur, votre visite m'honore ! clame Torrentius.

– C'est un plaisir de vous rencontrer, répond Brigby encore troublé par ses observations.

– C'est, m'a-t-on rapporté, sa Majesté Charles Ier qui vous envoie ?

– J'agis pour le compte de sir Dudley Carleton qui fut son ambassadeur, du temps où Maurice de Nassau était *stadhouder*.

– Le roi d'Angleterre est un homme de goût.

– Assurément.

– Accrocher l'une de mes œuvres aux cimaises de son palais, rehaussera le prestige de ses collections, soyez-en sûr.

La fatuité du personnage ! Brigby n'en revient pas. En outre, Torrentius s'exprime avec un accent affecté, parlant aussi fort que s'il s'adressait à une assemblée nombreuse. Il enchaîne :

– De même Charles règne-t-il sur l'Angleterre, de même me situé-je très haut au-dessus des autres peintres de natures mortes, ces tâcherons, ces besogneux, qui ne savent qu'étaler de la couleur sur de petits panneaux de bois…

– En quoi estimez-vous leur être supérieur ? s'enquiert Brigby dont l'agacement va croissant.

– En tout, monsieur, en tout, ainsi que vous allez pouvoir en juger, répond Torrentius avec un regard limpide.

Est-il sincèrement persuadé de son propre génie ou est-ce une sorte de comédie qu'il me joue ? s'interroge Brigby. Torrentius claque des doigts à l'intention de Klaas qui bâillait sans retenue dans son coin et lui intime l'ordre de servir à boire. Le domestique entreprend de déboucher une bouteille de vin.

– Il est encore bien tôt, ne trouvez-vous pas ? objecte Brigby.

– Il n'est jamais trop tôt pour se faire plaisir ! réplique le peintre avec un clin d'œil appuyé et un rire sonore.

Klaas essuie un verre avec un pan de sa chemise, y verse quelques gouttes et le tend à Torrentius lequel promène son nez puissant au-dessus du liquide avant d'y goûter. Il sourit, et d'un bref hochement de tête signifie au domestique qu'il peut servir leur hôte. Brigby s'étonne de l'aspect du vin, un rouge délicat aux reflets presque orangés. L'arôme en est capiteux.

– Belle robe n'est-ce pas ? commente Torrentius, oubliant un instant d'user de son accent artificiel. Dense et lumineuse à la fois Ne dirait-on pas qu'un rayon de soleil s'y trouve captif ?

– L'image est plaisante...

– C'est un vin de Bourgogne.

– Je suis, ma foi, plus habitué aux clarets de Bordeaux.

– C'est là le triste privilège des Anglais, monsieur. Exception faite pour les vins d'Yquem, ce sont les Bourgogne qui ont ma préférence. Je les trouve plus charnels, plus authentiques, plus féminins.

Brigby n'aurait jamais imaginé que l'on pût qualifier un vin de charnel ou de féminin. Un peu dépassé, il opine et sèche son verre d'un trait.

– Très différent du Bordeaux, en effet. Doux comme un velours d'Utrecht, se croit-il tenu d'ajouter, histoire de faire couleur locale.

– Si vous avez le regard aussi exercé que le palais, monsieur, nous allons nous entendre ! assure Torrentius, l'air de se foutre de lui.

Il fait signe à Klaas qui remplit à nouveau les verres. Chercherait-il à me griser pour altérer mon jugement ? se demande Brigby. Ah, ah ! Mon brave, il te faudra plus d'une bouteille pour y parvenir !

– La peinture et le vin s'apprécient de la même façon, pérore Torrentius. Il importe de les aborder sereinement, de s'en laisser pénétrer, de ne point se hâter de professer une opinion... Il convient, dit-il en mirant son verre à la lumière, d'observer les reflets et les ombres. Il faut laisser l'œil et l'esprit s'imprégner du tableau comme la langue s'imprègne des sucs de la vigne…

De retour dans son coin, Klaas bâille de plus belle. Le numéro sur le vin et la peinture, il pourrait presque le débiter lui-même tant il l'a entendu. Il y manquerait, bien entendu, la conviction, le feu et la faconde qui habitent son maître sitôt qu'il prend la parole. Torrentius sait enjôler ses clients potentiels avec de beaux discours. Mais il n'est pas seulement hâbleur, il pratique aussi le pilpoul sans le savoir. Ceux qui ont tenté de se mesurer à lui dans le domaine de l'éloquence et des idées s'en sont mordus les doigts. Ainsi Gideon Sonnevelt, un prédicant de Bilthoven, qui s'est vu contraint d'admettre, à l'issue d'une implacable joute verbale, que ce Dieu auquel il vouait son existence n'était qu'une forme vide, un ectoplasme, une vue de l'esprit. À l'auberge du Faucon doré, où l'affrontement s'est déroulé, on rit encore de la déconfiture du bigot. Torrentius mène la controverse comme une corrida, pressant son adversaire de questions aussi blessantes, aussi pointues que des banderilles, le feintant, l'épuisant pour l'acculer enfin dans un angle où il lui assène le coup de grâce, l'ultime argument qui le laisse sans voix et sans réaction. Tout cela l'amuse au plus haut point et réjouit fort la galerie. Mais Gideon Sonnevelt, et d'autres, qu'il a pareillement étrillés, lui en conservent une tenace rancune.

À l'issue de sa dissertation sur la vigne et l'art de peindre, et après un troisième verre de Bourgogne, Torrentius claque des doigts à l'intention de Klaas qui, d'un geste théâtral, entreprend de dévoiler le tableau fixé sur le chevalet. Brigby n'est qu'à moitié dupe de cette mise en scène bien rôdée, il en reste pantois. La composition est spartiate, presque minimaliste : devant trois flacons alignés à l'arrière plan, un rouleau de papier à musique, deux plumes d'oies et un encrier sont disposés sur un tapis à franges d'un vert éteint. En comparaison, les natures mortes que Brigby a pu voir jusque là évoquent la vitrine d'un brocanteur, celle d'un poissonnier ou d'un marchand de primeurs, tant les artistes ont joué l'accumulation pour démontrer leur savoir faire. À l'inverse, Torrentius a opté pour le dépouillement, l'austérité. Il évolue manifestement dans une autre sphère, une sphère supérieure ainsi qu'il le dit lui-même. Les formes sont parfaites, le rendu des matières d'une époustouflante virtuosité. Il se passe bien autre chose dans cette peinture où les flacons ne sont pas simplement posés devant un fond neutre mais inscrits dans un espace que l'on devine infini, où l'air circule. La surface du tableau est lisse comme une vitre, attirante comme l'eau noire d'un puits. En se penchant, Brigby croit même sentir un souffle frais sur son visage.

– Monsieur, vous êtes un magicien ! murmure-t-il, sincèrement ému.

Torrentius conserve une expression blasée : des compliments, on lui en fait tant, n'est-ce pas ? Brigby poursuit son examen, cherchant à percer le mystère de cette composition empreinte, tel son auteur, d'une très fausse modestie. Il subodore une construction déterminée par des principes mathématiques connus des seuls initiés, un sens caché dans l'ordonnancement paisible de l'ensemble, une charade ou peut-être un patronyme en forme de rébus, de tels jeux d'esprit sont à la mode : « Parchemin », par exemple peut-être compris comme « Par le chemin » mais qu'en serait-il alors de la plume et de l'encre ? Faut-il parler de « flacons » ou de « pots » ? Non, cela ne mène nulle part. En latin peut-être ? Mais Brigby maîtrise mal cette langue. Quoi qu'il en soit, Torrentius n'a pas volé sa réputation et son immodestie semble pardonnable.

– En avez-vous d'autres à me montrer ? demande Brigby.

– Celui-ci ne vous convient donc pas ?

– Ci fait ! Il est magnifique ! Étonnant ! Mais il me plaît d'avoir une vue d'ensemble de la production d'un artiste...

– Défiez-vous des petits maîtres qui barbouillent à l'envi ! le coupe Torrentius. Ils ne valent pas mieux que la fermière qui vend sa crème et ses œufs sur le même marché. Sachez que je ne peins, pour ma part, qu'un tableau après l'autre.

– C'est là une forme d'ascèse qui vous honore, monsieur. Combien en voulez-vous ?

– Rien.

– Rien ?

– Ce tableau est déjà vendu.

– Peut-être vous en donnerais-je plus ?

– Vous m'offririez toutes les richesses de l'Inde que je vous dirais non. Je n'ai qu'une parole.

– Je la respecte, monsieur. Est-il indiscret de demander qui sera l'heureux propriétaire de ce chef d'œuvre ?

– Il m'a été commandé par un maître de chapelle.

– D'où les plumes et le papier à musique ?

– Votre perspicacité vous honore.

– Et les flacons ?

– Mon client apprécie leur contenu autant que la musique.

Brigby daigne sourire et Torrentius enchaîne :

– C'est ainsi que je travaille : on me commande un tableau dont on me paie la moitié d'avance, et je m'engage à y faire figurer les éléments symboliques ou la devise demandée par l'acquéreur. Je reste libre de l'agencement des formes ou d'éventuels ajouts pour des questions d'équilibre à propos desquelles je suis seul compétent. Souhaitez-vous passer commande, monsieur ?

– Il me faut d'abord m'enquérir de ce que sa Majesté souhaiterait en termes de symboles…

– Que les choses soient bien claires, précise Torrentius, je ne peins ni fleurs, ni animaux. Avec moi, pas de lions, de licornes, de lys, ou de foutus chardons !

Le vin, dont Torrentius a vidé plusieurs verres, commence à produire son effet. Le peintre a le teint vermillon, l'extrémité de son nez luit comme un fanal, il transpire, délaissant progressivement ses bonnes manières et son accent affecté.

– Les lys ! soupire Brigby. Vous confondez, monsieur, avec la couronne de France.

Torrentius balaie le commentaire d'un geste incertain dans lequel scintillent les gemmes qu'il porte aux doigts.

– Il vous en coûtera cent florins dans l'immédiat, annonce-t-il, et cent autres que vous paierez à la livraison, dans six mois.

– Six mois ?!

– Ma technique requiert que chaque couche soit absolument sèche avant d'appliquer la suivante. Le temps participe à la qualité unique de mon travail autant que les huiles et les pigments de mon excellent apothicaire et ami, Cornelisz.

– Est-ce là le secret de cet étonnant effet de profondeur ?

– Ce n'est là, monsieur, que l'un de mes nombreux secrets.

Torrentius, en comédien accompli, ménage un long silence avant d'ajouter :

– Les autres, je le crains, sont moins avouables…

Observant que son maître est gris, et sachant ce qui va suivre, Klaas soupire *in petto* tandis que Brigby, comme il convient, mord à l'hameçon.

– Que voulez-vous dire ?

– Croyez-vous pouvoir l'entendre, monsieur ?

– Assurément.

Torrentius ordonne à Klaas de quitter l'atelier. Le domestique, résigné, sort le dos rond ; il a souvent collé l'oreille au trou de la serrure, il sait précisément ce qui va suivre et trouve le jeu de son maître fort risqué quand bien même ce dernier semble jouir, à Haarlem, d'une incroyable impunité. Après s'être assuré que la porte est bien fermée, Torrentius revient au centre de la pièce et murmure en roulant des yeux :

– Voyez-vous, monsieur, j'ai signé un pacte avec le Diable !

– Comment ? Que dites-vous là ?!

– C'est Lui qui guide ma main ! lance alors Torrentius, singeant l'emphase des prédicants en chaire. C'est Lui qui mélange mes couleurs ! C'est Lui qui tient mon pinceau !

Brigby n'apprécie ni la parodie, ni la référence au Diable. À ses yeux d'Anglais, Torrentius a commis là une faute de goût. Il est choqué et ne le cache pas :

– Votre talent suffit. Vous n'avez nul besoin d'y mêler le Diable.

– Je pensais vous divertir…

– Et moi, je vous mets en garde ! À proférer de telles sornettes, vous pourriez finir au bûcher !

Torrentius hausse les épaules.

– Nous sommes entre gens avertis.

– Il est des sujets dont il faut se garder, dit Brigby en remettant son chapeau. Au revoir, monsieur.

– Voulez-vous que Klaas vous raccompagne ?

– Je viens de Londres, monsieur. Je pense être capable de retrouver seul mon chemin dans Haarlem.

– N'oubliez pas ! lui crie Torrentius du haut de l'escalier. Ni fleurs ni animaux !

Si c'est le vin de Bourgogne qui lui a inspiré cette ridicule histoire, voilà une bonne raison pour s'en tenir au bordeaux, songe Brigby encore perturbé par la rencontre. Les hommes qu'il croise dans la rue sont invariablement vêtus de noir, beaucoup ont la mine grave et l'air industrieux. Quel contraste avec le flamboyant Torrentius que l'on serait porté à croire originaire de Chine ou de Java, s'il n'avait le teint rose et les cheveux clairs. Brigby tend à penser que le peintre est bien l'auteur des gravures libertines dont il a fait l'acquisition. Il se voit mal, toutefois, lui poser ouvertement la question.

À son retour, on lui fait savoir que monsieur Winckelboon serait honoré qu'il partageât un repas auquel il a convié quelques amis. Brigby commence par décliner : la compagnie d'une assemblée de marchands haarlemois lourdauds ne le séduit guère. Mais il se ravise, gageant qu'il pourra en apprendre un peu plus sur Torrentius.

Le drapier a réuni autour de sa table l'élite du commerce local : on présente à Brigby un meunier prospère, un faïencier entreprenant, un importateur de denrées exotiques. Les épouses ne sont pas de la partie et Brigby ne s'en plaint pas. Ainsi qu'il l'a constaté à maintes reprises, les femmes de ce pays, si appétissantes en leur blonde jeunesse, se muent, sitôt mères, en opulentes et ennuyeuses matrones.

Tant pour faire honneur à son hôte que pour impressionner ses invités, Winckelboon a fait apprêter un repas plus abondant que raffiné. Pâtés, gibiers, poissons, crustacés, rôtis, charcuteries, pains, gâteaux, fruits et entremets s'entassent comme dans ces natures mortes que Torrentius vilipende. Bière, vin et genièvre sont servis à discrétion. On est plus près de la kermesse que du balthazar. Les négociants, d'abord intimidés par la présence d'un représentant certifié de la couronne anglaise se déboutonnent à mesure qu'ils se remplissent la panse. Repus et satisfaits, il s'en faut de peu qu'ils ne lui tapent sur le ventre ou sur les cuisses. Les trognes luisent, les dents brillent entre les lèvres grasses, on allume les pipes, on claque les fesses de la servante venue débarrasser. L'Anglais profite du climat de mâle complicité qui s'installe pour évoquer sa visite à Torrentius. C'est aussitôt un tollé. Chacun y va de son anecdote : le peintre, assure l'un en baissant la voix, organise d'épouvantables bacchanales avec des femmes de mauvaise vie. Selon son voisin, il appartient à diverses sociétés secrètes aux fins inavouables. Un troisième raconte en frémissant qu'il a signé un pacte avec le diable. Brigby se délecte de la sottise et de la balourdise de ses interlocuteurs.

– S'il était l'homme que vous décrivez, objecte-t-il après avoir écouté ces ragots, les autorités auraient déjà mis un terme à ses coupables agissements.

– C'est qu'il a des relations, monsieur ! murmure le faïencier. Des relations très haut-placé...

À quoi les autres opinent avec des airs entendus. L'alcool déliant les langues, Brigby apprend que le *stadhouder* lui-même est soupçonné d'appartenir, ainsi que Torrentius, à la terrible secte des Rosicruciens. Ce que prônent ou croient les membres de cette secte, aucun n'en a la moindre idée, mais les marchands sont unanimes pour en penser le plus grand mal. Le nom de Cornelisz, l'apothicaire, est cité à plusieurs reprises. Compagnon d'orgie de Torrentius, il tremperait dans de sombres conspirations et serait un peu alchimiste sur les bords, autant dire sorcier. Brigby finit par être las de ces racontars ; il s'apprête à prendre congé lorsque l'un des convives mentionne le nom de van der Beeck comme étant celui du peintre.

– Van der Beeck avez-vous dit ?

– Dans notre langue, *beeck* signifie ruisseau, lui précise-t-on.

– Voyez la prétention du personnage qui a fait du ruisselet un torrent ! s'esclaffe Winckelboon, content de son mot.

Les eaux-fortes pornographiques que vend Houtmans sont signées *V.d.B.* Brigby se souvient de l'embarras de Klaas à l'évocation des gravures de son maître. Sans parler des rubans de satin verts et de la ressemblance entre les satyres et l'artiste. Cette fois le doute n'est plus permis, Torrentius est bien l'auteur de ces images scandaleuses. Étrange personnage qui signe une œuvre inavouable de ses propres initiales et use d'un pseudonyme pour vendre sa peinture. La psychanalyse aurait sans doute long à dire sur la question, mais au contraire du capitalisme qui fait, avec la Compagnie Hollandaise des Indes Orientales, des débuts très prometteurs, elle n'a pas encore été inventée. Brigby est persuadé que plusieurs des hommes avec lesquels il a soupé ont vu, ou même acheté, des gravures de van der Beeck. Mais s'il leur en parlait, ils nieraient avec la plus farouche énergie.

Torrentius passe la soirée à l'auberge du Faucon doré où il a ses habitudes et une ardoise considérable. Le peintre retrouve, dans une salle du fond, la cohorte de ses zélateurs, de jeunes hommes que sa verve enchante, que fascinent ses rodomontades. Tous arborent des coiffures, des fraises extravagantes et des habits hauts en couleurs car Torrentius ne se contente pas du rôle de maître à penser et d'amuseur public, il dicte aussi les modes. Il a besoin d'un public comme les plantes ont besoin d'eau, tout le monde y trouve donc son compte. L'argent lui brûlant les doigts, même quand il ne l'a pas encore gagné, c'est en général lui qui régale. Torrentius choisit les filles, installant toujours la plus belle sur ses genoux, c'est sa prérogative. Il les apprécie jeunes, gaies, et bien en chair dans le style régional. Il ne dédaigne pas non plus les femmes des autres et prend autant de plaisir à cocufier les bourgeois de Haarlem qu'à tourner en ridicule les prédicants. On lui prête de nombreux bâtards à travers la ville, une rumeur que les amis de Winckelboon se sont abstenus de rapporter à Brigby, car nul ne peut être certain de la fidélité de son épouse.

Cornelisz se joint parfois à la bande ; son teint cireux, son habit sombre et ses modestes dentelles font grise mine au milieu cette profusion. L'on s'étonnera peut-être de l'amitié qui lie le peintre et l'apothicaire, si différents l'un de l'autre. Ce qui les a rapprochés, c'est leur passion pour la science et leur intérêt pour la philosophie. Ils ont connu chacun une enfance difficile ; Torrentius en a tiré sa force et son optimisme, Cornelisz son aigreur et sa misanthropie. Le premier ne désespère pas d'amener un jour le second à partager sa vision hédoniste de l'existence, en attendant, il le pousse à boire et à forniquer, car la vie est courte.

Torrentius est certain que son client anglais passera commande au nom du roi. À Cornelisz, il confie à quel point l'intérêt du monarque pour son travail le flatte.

– Tant mieux, tant mieux, dit ce dernier. Avec un tel protecteur, tes ennemis y regarderont à deux fois avant de s'attaquer à toi.

– Mes ennemis…

– N'aie pas l'air de tomber des nues, Johannes. Tu en comptes autant qu'il y a de prédicants dans Haarlem. Sans compter les cocus !

Torrentius rit, Cornelisz conserve son expression pincée. Depuis longtemps, il tente d'amener son ami à plus de retenue. À Haarlem comme ailleurs, nul besoin de mener une vie exemplaire, il suffit de le laisser croire : la plupart des hommes usent de prostituées et s'enivrent régulièrement, mais à la différence de Torrentius, ils ne s'en vantent pas.

Du fond de sa boutique, l'air de rien, l'apothicaire prend la température de la ville et depuis quelque temps, il la trouve un peu élevée à son goût. De même que les vagues rongent les dunes de Zandvoort, les provocations de Torrentius usent la patience de ceux qui sont chargés de maintenir l'ordre et la décence. Diverses plaintes ont été déposées contre le peintre, émanant les unes de rogomistes impayés, les autres de pères dont les filles auraient été séduites et abandonnées. Les maris trompés ont heureusement trop peur du ridicule pour ester en justice mais ils participeraient de bon cœur au lynchage s'il devait y en avoir un. Un nouveau bailli appelé Velsaert inquiète Cornelisz. Celui-là ne se donne pas l'apparence de la vertu, il en est pétri, faisant maigre à tous les repas, ne buvant jamais, portant par principe des habits usés jusqu'à la trame, toujours prêt à infliger des leçons de morale à quiconque n'en sollicite pas. Ce prédicant est issu d'une boueuse et lointaine campagne, son seul bagage, c'est la Bible dont il connaît par cœur des pages entières. Il n'entend rien au commerce, aux arts ou à la politique, il se contente de veiller au strict respect de la loi divine, poursuivant sans relâche les contrevenants et les faisant châtier avec autant de rigueur que de passion. Velsaert n'a eu besoin ni d'intriguer ni de flagorner pour obtenir son poste, les échevins ont estimé qu'avec un tel homme à la barre, le navire filerait droit sans qu'ils aient à s'en soucier. Pour Velsaert, Torrentius est devenu, au fil des jours, la bête noire, l'homme à abattre. Avec patience, il tisse la toile dans laquelle il espère que le chatoyant papillon viendra s'engluer un jour. Assisté du jeune Ruyssler, lourd et dévoué comme un cheval de trait, et doté d'aussi peu de cervelle, le bailli collecte les plaintes, recueille les témoignages à charge. Conscient de ses lacunes dans le domaine du droit canon, il a sollicité l'avis des théologiens de l'université de Leyde sur le cas Torrentius. Il attend leur réponse. Il enquête en parallèle sur les Rosicruciens ce qui inquiète Cornelisz qui cache précisément dans sa bibliothèque *Les Noces Chymiques* de Christian Rosenkreutz, plus quelques pamphlets et manifestes de la même obédience.

La secte, telle que Velsaert et les bourgeois de Haarlem l'imaginent, n'existe pas. Pas de rencontres hebdomadaires dans des lieux secrets, pas de mots de passe susurrés à l'oreille du lansquenet de service, ni cagoules ni symboles ésotériques. Mais Cornelisz et quelques esprits éclairés, au nombre desquels Torrentius, s'intéressent aux recherches de Paracelse, aux écrits de Johan Valentin Andreæ, Michel Maier ou Adam Haselmayer dont ils débattent, lors de réunions informelles et passionnées.

– Quitte un peu cette mine chagrine ! dit Torrentius à son ami. Nous ne courons aucun risque.

– Vraiment ?

Torrentius baisse la voix :

– Dois-je te rappeler que le prince Gustav est des nôtres ? Et qu'il est le neveu du *stadhouder*.

– Si la situation devait se dégrader, le *stadhouder* ne lèverait pas le petit doigt pour nous venir en aide. Il a bien trop peur des prédicants.

– Pourquoi la situation se dégraderait-elle ?

– À cause de ce nouveau bailli. Ce Velsaert est un fanatique obstiné.

Torrentius s'apprête à répliquer lorsque trois filles font leur entrée dans la salle. La plus délurée saute aussitôt sur ses genoux. Le peintre plonge le regard dans son décolleté, la main sous ses jupes, et réclame davantage à boire. Cornelisz soupire : il n'est de pire sourd qu'un homme en rut.

Brigby se rend à Anvers pour superviser l'expédition à Londres de deux œuvres de M. Rubens commandées de longue date. Le succès de Rubens est tel qu'il confie désormais à ses élèves le gros du travail. Ses détracteurs prétendent que dans ses tableaux, seule la signature est de sa main. Son atelier tourne à plein régime, les écus pleuvent. Capable de s'exprimer en plusieurs langues, Rubens se voit régulièrement confier des missions diplomatiques dont il profite pour assurer la promotion et la diffusion de ses œuvres. Une croissance sans fin. En l'absence du maître, c'est d'ailleurs un assistant qui a reçu Brigby.

De retour à Haarlem, ce dernier trouve une lettre de sir Dudley Carleton. Dans la nature morte destinée à sa Majesté Charles Ier roi d'Angleterre, est-il écrit, le peintre devra impérativement faire figurer un échiquier et quelques pièces du jeu, un sablier, un casque et une épée, un parchemin scellé à la cire rouge, et une Bible. Est-il nécessaire de préciser que le sablier et la Bible sont là pour rappeler que nul royaume terrestre ne saurait prétendre à l'éternité, que le casque et l'épée doivent évoquer les hauts faits militaires du souverain et l'échiquier témoigner de son habileté politique.

– Pourquoi le parchemin scellé ? demande enfin Torrentius.

– Il symbolise l'autorité du Roi. De sa signature au bas d'un édit peut dépendre la vie d'un homme ou le sort d'une nation.

Torrentius grogne un assentiment. Il a accueilli Brigby drapé dans une robe de chambre damassée dont la couleur hésite entre le vert tilleul et le mordoré, la tête entortillée d'un turban qui, vu de près, n'est rien de plus qu'une serviette mouillée.

– J'ai la migraine, explique-t-il.

Aux paroles compatissantes de l'Anglais il rétorque :

– En fait, j'ai surtout une sacrée putain de gueule de bois !

Peu habitué à de tels écarts de langage, Brigby tressaille. Torrentius ordonne à Klaas de déboucher une bouteille.

– Si vous avez trop bu hier ! proteste Brigby, vous ne devriez pas…

Klaas remplit un verre que le peintre avale d'un trait en faisant la grimace.

– En voulez-vous, monsieur ? demande-t-il.

Brigby refuse, Torrentius enchaîne :

– Ne dit-on pas qu'il faut soigner le mal par le mal ? Il y a plus de vrai qu'on ne croit dans ce dicton. Je suis assez versé en médecine, voyez-vous.

Brigby ne résiste pas au plaisir de faire un mot :

– En médecine de Bourgogne, voulez-vous dire ?

Torrentius daigne en sourire.

– Avec quelques amis, nous nous intéressons aux travaux de Paracelse. À nos yeux, il est l'égal d'un Avicenne ou d'un Averroès.

Ignorant de quoi ou de qui parle Torrentius, Brigby croit prudent d'opiner.

– Paracelse considère que le corps de l'homme représente, en quelque sorte, une réduction ou plutôt un concentré du grand Tout, de l'Univers. Ses organes, sa peau, ses muscles et ses os sont en étroite corrélation avec les éléments qui composent la terre, les étoiles et les océans…

– Les étoiles, dites-vous ?

– Il s'agit autant des atomes dont elles sont constituées que de la place qu'elles occupent au firmament le jour où l'on vient au monde. Cela peut être déterminé à l'aide de savants calculs. Les anciens habitants de Mésopotamie étaient passés maîtres en cet art. En fonction de ces résultats et du type d'affection, l'on vous donnera la potion ou le remède qui convient le mieux à votre tempérament.

– Voilà qui est surprenant.

– Paracelse croit aux vertus des métaux. Il a soigné des malades en leur faisant absorber de l'or ou de l'argent.

– Au moins ont-ils eu la consolation de mourir riches !

– Vous avez tort de plaisanter. Ils ont été guéris. Il ne s'agissait pas, évidemment, d'avaler des écus ! Je vous parle de doses infinitésimales. Selon le même principe, Paracelse a usé de poisons tels que l'orpiment ou le réalgar.

Pour Brigby, un peintre est un artisan au même titre qu'un savetier. Que celui-là soit aussi savant qu'un docteur l'impressionne. En bon Anglais, il se garde, toutefois, de laisser paraître son étonnement et ramène la conversation sur un terrain plus concret : les modalités de paiement du tableau qu'il a commandé. Lorsqu'il fait observer à Torrentius qu'il pratique quasiment les mêmes tarifs que Rubens dont la réputation est universelle, il a droit à une tirade véhémente :

– Rubens, Rubens ! Votre Rubens sait rendre à merveille la blondeur dorée de nos belles Flamande et l'incarnat de leurs chairs, je vous l'accorde. Mais ce sont là des effets faciles qui plaisent au vulgaire. Il y a dans son travail plus de fougue que de maîtrise et toujours plus de courbes que nécessaire ! C'est une peinture décorative qui sied aux salles des palais où l'on passe sans s'arrêter, où elle est accrochée si haut que l'œil n'en perçoit pas le détail. Ma peinture à moi, monsieur, c'est une autre affaire ! Ce n'est pas vous qui la contemplez, c'est elle qui vous regarde ! Elle vous happe et ne vous quitte plus ! Mon pinceau fouille au cœur de la matière pour en révéler l'essence même. Mes natures mortes sont philosophiques. Elles sont à la peinture ce que l'œuvre de Paracelse est à la médecine.

Séduit par l'éloquence de Torrentius, Brigby se range à son opinion. Il finit par compter au peintre cent florins. Il est convenu que Winckelboon lui en portera cinquante d'ici trois mois et le solde à la livraison. L'Anglais aurait voulu un deuxième versement tributaire de l'avancée du travail mais Torrentius a été intraitable sur ce point, il est hors de question que quiconque puisse voir un tableau en cours d'exécution ; il a des secrets de fabrication à préserver.

– C'est sans doute à la complicité du Diable que vous faites allusion ? ne peut s'empêcher d'ironiser Brigby.

Torrentius rit un peu jaune. En réalité, c'est l'usage de la *camera obscura* qu'il ne tient pas à ébruiter. Brigby obtient l'assurance que le tableau sera terminé pour la Saint Nicolas. Il brûle d'envie de demander à Torrentius s'il est bien l'auteur du lot de gravures cochonnes qu'il ramène en Angleterre mais il préfère s'abstenir. Connaissant Torrentius, il serait capable de rédiger une dédicace du style : « Pour le plaisir solitaire de sa Majesté, le roi d'Angleterre » ou, pire encore : « Onan soit qui mal y pense. »

Klaas est un peu benêt mais c'est un bon assistant. Il a appris à préparer les fonds, à les poncer couche après couche, et s'agissant du broyage des couleurs, il est devenu un véritable expert, le poignet souple, l'huile ajoutée goutte à goutte comme pour une mayonnaise. Il supporte stoïquement les excentricités de Torrentius, ses colères aussi bien que les accès de mélancolie qui le tiennent parfois au lit des jours entiers. Si son maître omet souvent de lui payer ses gages, Klaas bénéficie de compensations : au cabaret il boit sur son compte et peut trousser les putains qui lui plaisent sans qu'il lui en coûte un liard. La belle vie en somme, comparé à d'autres, contraints de labourer, de s'engager comme soldats ou comme marins au péril de leur vie. À force de servir le vin, Klaas y a goûté et depuis, il en boit sitôt que son maître a le dos tourné. Seules le perturbent ces histoires de Diable que Torrentius se croit toujours obligé de raconter pour épater le bourgeois. À quoi bon lui demander de sortir de l'atelier quand il aborde le sujet alors qu'il tient les mêmes propos à la taverne ? Avec son solide bon sens, Klaas estime que moins l'on fraie avec le Diable, mieux l'on s'en porte. Quant à ce Paracelse que mon maître semble vénérer, il sent le sorcier à plein nez si vous voulez mon avis, et pourrait lui valoir un jour de gros ennuis.

Or, un soir, au sortir de la taverne où il s'est arsouillé, Klaas est abordé par deux hommes drapés de capes noires et coiffés de chapeaux à larges bords qui laissent leur traits dans l'ombre. Nous dirions qu'ils ont l'air de brigands d'opérette, ce sont des prédicants en mission secrète.

– Il faut que nous ayons une petite conversation, toi et nous, déclarent-ils.

– Je ne suis pas sûr d'en avoir envie.

Une gifle expédie Klaas au ruisseau où le plus baraqué des deux prédicants lui assouplit l'échine à l'aide d'un nerf de bœuf. Klaas est mené ensuite, à grands coups de pied au cul, dans un entrepôt où s'entassent des ballots aux contours incertains sanglés de cordes épaisses. L'entretien se déroule à la lueur d'une lampe à huile qui confère une touche dramatique à la scène. L'un des hommes en noir n'est autre que Gideon Sonnevelt dont on se souvient qu'il fut publiquement ridiculisé par Torrentius. Voilà qui n'annonce rien de bon. Le nom de l'autre brute importe peu, il fait office de nervi et de greffier, transcrivant les propos de Klaas d'une écriture rapide après avoir disposé sur ses genoux une écritoire de voyage.

– Ainsi tu es au service de Torrentius, commence Sonnevelt.

– Ci fait, monsieur, ainsi que vous le savez déjà.

– Est-ce un bon maître ?

– On n'en saurait trouver de meilleur.

– Veux-tu dire par là que tu n'es pas accablé de travail et qu'il te paie correctement ?

– Je travaille de l'aube à la nuit et il me paie quand ça lui chante. Mais je ne voudrais point d'autre maître.

– Qu'a-t-il donc de si exceptionnel ?

– Avec monsieur Torrentius, on est assuré de ne jamais s'ennuyer ! réplique Klaas.

La spontanéité de la réponse désarçonne Sonnevelt qui enchaîne d'un ton plus sec :

– Est-il vrai qu'il mène une vie de débauche ?

– Apprécier le bon vin et les jolies femme, est-ce là ce que vous appelez débauche ?

Les deux prédicants échangent un regard entendu : le maître paraît avoir déteint sur le serviteur, ce domestique a la langue un peu trop bien trop pendue.

– Prends garde ! Ton insolence pourrait te coûter cher un jour ! menace Sonnevelt qui se plante alors devant Klaas pour demander d'un ton doucereux :

– Parle-moi du Diable !

Aïe, aïe, aïe. Nous y voilà ! Malheur de malheur ! Je savais bien qu'un jour les forfanteries du patron nous vaudraient des ennuis ! se dit Klaas. Il va falloir jouer serré.

– Le Diable ? répète-t-il d'une voix qui chevrote.

– Torrentius raconte à qui veut l'entendre que c'est Lui qui tient son pinceau ! Tu confirmes ?

– Monsieur, si le Diable, comme vous le prétendez, tenait le pinceau de mon maître, je l'aurais vu ! Pensez ! Je suis dans l'atelier chaque jour que Dieu fait.

– Je ne te demande pas si tu l'as vu, imbécile ! Je te demande si Torrentius parle de Lui ?

– Du Diable ?

– Oui, du Diable !

– S'il en a parlé… il ne m'en souvient pas.

– Peut-être l'a-t-il appelé d'un autre nom ? Lucifer ? Satan ? Belzébuth ? Méphistophélès ?

– Ces noms ne me disent rien non plus…

Sonnevelt soupçonne Klaas de le mener en bateau. Il hésite à lui faire appliquer par son collègue une autre volée à l'aide du nerf de bœuf. Contenant son exaspération, il demande :

– Lorsqu'il travaille, Torrentius, de quoi parle-t-il ?

– Il est fort concentré sur son ouvrage, monsieur. Il ne s'adresse à moi que pour réclamer un pinceau ou la couleur dont il a besoin.

– Certes. Mais à ses amis, à ses clients, que dit-il ?

– Ce qu'il dit ?

– Ne répète pas mes questions, c'est horripilant ! Que dit-il ?!

– Il assure qu'il est le meilleur, monsieur.

– Il est le meilleur parce que le Diable est son allié ?

– Non, monsieur. Pas que je sache. Monsieur Torrentius a plus de talent que les autres, voilà tout.

Sonnevelt donne un coup de poing dans un ballot d'où échappe un nuage de poussière.

– Je ne sais s'il fait l'idiot ou s'il l'est réellement, mais nous n'arriverons à rien avec cet âne ! glisse-t-il à l'oreille de son acolyte.

Il essaie alors une autre approche :

– Combien d'argent aimerais-tu gagner ? Là, tout de suite ? demande-t-il à Klaas.

– Tout de suite ?

– Je viens de te le dire.

– Dix florins.

– J'en ai cinq sur moi, dit Sonnevelt en faisait tinter les pièces dans sa poche. Ils sont à toi si tu t'engages, le jour où le bailli te posera la question, à jurer sur la Bible que ton maître a déclaré que le Diable en personne l'inspirait.

Klaas est alors la proie d'un douloureux débat intérieur : le fait est qu'à la taverne, de même qu'en collant l'oreille au trou de la serrure, il a toujours entendu Torrentius se vanter d'entretenir des relations privilégiées, voire amicales, avec Satan. En tant que telles, ce sont des balivernes, mais prétendre le contraire serait mentir. Et dès lors que l'on a prêté serment sur la Bible, le mensonge peut entraîner des conséquences très fâcheuses dans l'au-delà. Klaas se voit donc contraint d'accepter la proposition du prédicant, ainsi que son argent. Il retourne se désaltérer à la taverne, estimant s'en être tiré à bon compte avec ces deux salauds.

Suborner le domestique de Torrentius, l'amener à témoigner contre son maître c'est l'une des idées que Sonnevelt, assoiffé de vengeance, est venu proposer un jour au bailli nouvellement désigné. Velsaert a estimé l'offre recevable. Il s'agit, après tout, de confondre un blasphémateur, un être amoral et pervers, peut-être même un athée. Quand on œuvre pour la cause qui est la sienne, tous les moyens sont bons. Le témoignage à charge de Klaas viendra étoffer un dossier dans lequel la veuve Claesz, qui a été la première logeuse de Torrentius à Haarlem, assure par exemple qu'il menait grand tapage dans ses appartements, y recevant des femmes publiques et des personnages à la moralité douteuse jouant en plus de la musique toute la nuit. Cette veuve méritante se plaint aussi que le peintre ne lui ait jamais payé l'argent des derniers loyers. Même son de cloche pour la mère Schapenburg qui tient une auberge à Delft. Cette femme, confite dans l'avarice et la médisance, déclare que Torrentius menait chaque vendredi, avec des prostituées et des compagnons de débauche, un véritable sabbat. Si les cocus gardent profil bas, quelques pères ont dénoncé, en Torrentius, un séducteur cynique, aussi prompt à promettre monts et merveilles qu'à s'esquiver, une fois la fille grosse de ses œuvres.

Velsaert est conscient que n'importe quel avocat pulvériserait sans peine ces témoignages empreints d'aigreur et de jalousie quand ils n'ont pas été extorqués par l'intimidation ou carrément monnayés, dans le cas de Klaas ou des époux Schapenburg. C'est pourquoi il espère que ces messieurs de l'université de Leyde trouveront l'affaire suffisamment grave au regard de Dieu pour que l'accusé puisse être privé de défense, ainsi que l'autorise un antique usage.

Ignorant des cabales que l'on ourdit contre lui, Torrentius travaille avec acharnement. Contrairement à ce qu'il raconte à ses clients, il peint toujours plusieurs tableaux en même temps : celui qui fait l'objet de la commande, et d'autres, plus petits, à sa fantaisie. C'est parfois un autoportrait, le plus souvent de simples études : un pichet sur une table, une carafe et deux citrons, un pot à tabac et une pipe. Un siècle avant Chardin, trois avant Morandi, Torrentius fait dialoguer la lumière avec des formes simples. Cet homme extraverti, hâbleur et volontiers tonitruant, est l'auteur d'une peinture subtile qui témoigne à la fois de son intérêt pour la science optique et d'une approche sensible de la réalité, très loin de la vision matérialiste qui prévaut alors dans les Provinces-Unies. Si des fumées âcres et soufrées envahissent parfois l'atelier, elles ne doivent rien à la présence du Diable : grâce à l'assistance technique de Cornelisz, Torrentius a mis au point des vernis d'une transparence et d'une finesse exceptionnelles, c'est l'un de ses secrets de fabrication ; l'autre étant, ainsi qu'il a été dit, l'usage d'une *camera obscura* démontable, que Klaas peut assembler à la demande en quelques minutes. Lors des périodes de séchage nécessaires entre l'application des glacis successifs, Torrentius prend une petite plaque de cuivre préalablement vernie, et, d'une pointe déliée, sans jamais un repentir, y dessine ces scènes de copulation dont les amateurs sont friands. Pour lui, c'est une récréation, une vacance où la main paraît se mouvoir sans le secours de l'esprit. C'est le brave Klaas qui est chargé de mordre le cuivre dans un bain d'acide. Par la suite, il dissimule au fond d'un panier les épreuves imprimées par son maître, gagne Amsterdam et effectue sa livraison au crépuscule chez Houtmans l'épicier, détenteur du fichier clients. C'est une affaire qui tourne rond, des bénéfices réguliers qui permettent à Torrentius d'assouvir sa passion pour le sexe, les bijoux et les beaux vêtements. Très sensible à son apparence, Torrentius estime que le paraître révèle quelque chose de l'être : voyez les lugubres prédicants dans leurs habits noirs ! Dans un monde de corbeaux, il est salutaire d'oser la couleur. C'est presque un slogan. Certains jeunes gens l'ont d'ailleurs adopté, s'efforçant de se vêtir, de parler, de se comporter comme Torrentius. Il ne leur manque que son talent. Le phénomène n'a pas manqué d'irriter les autorités, mais comment convaincre de jeunes hommes débordants de sève et d'énergie, de préférer à l'ambiance chaleureuse de la taverne la froideur nue des églises ? Comment persuader des femmes pleines de vie de mettre leur sensualité sous le boisseau pour accomplir, à peine sorties de l'enfance, leur devoir de mère et d'épouse dans le strict respect de la doctrine calviniste, c'est-à-dire sans plaisir et sans joie ? Faute de pouvoir opposer à Torrentius un contre-exemple séduisant, les prédicants s'efforcent donc de déboulonner celui qui est devenu l'idole des jeunes de Haarlem.

Les mains de Velsaert tremblent un peu lorsqu'il reçoit enfin la réponse des éminents juristes de l'université de Leyde. Après les circonlocutions d'usage, ces derniers admettent, non sans certaines et prudentes réserves, que le cas de ce peintre blasphémateur mérite, en effet, que la justice s'y penche. Il n'est mentionné nulle part dans cette missive que le prévenu est tenu de comparaître sans le secours d'un avocat, ce que le bailli interprète aussitôt à son avantage. Le droit ressemble aux textes sacrés, on peut lui faire dire ce que l'on veut. Ces messieurs de la Faculté plaident mollement pour l'écoute et la tolérance, au nom des valeurs de charité prônées par le Christ. Velsaert, dans sa réponse, assure qu'il en a pris bonne note, que ces sages principes guideront son jugement. Cette fois, il se frotte les mains, aussi réjoui qu'un prédicant peut l'être. Il se hâte d'informer les échevins que le dénommé Torrentius va être appelé à rendre des comptes. Ces derniers lui donnent quitus, estimant qu'une petite leçon d'humilité ne fera pas de mal à ce coq arrogant qui les défie ouvertement depuis trop longtemps.

Voilà donc Torrentius sommé de comparaître devant le bailli. Il n'est pas autrement surpris sachant qu'un certain nombre de plaintes a été déposé à son encontre, dont celle de la veuve Claesz, cette vieille taupe, qu'il sera probablement contraint de dédommager. Les avertissements de Cornelisz lui reviennent alors à l'esprit : se pourrait-il qu'en fin de compte, les autorités aient pris ombrage de ses diverses fanfaronnades ? Il en sera quitte pour une réprimande, voire une amende. Il choisit, pour se présenter face au juge, ses plus beaux atours, consacre à ses cheveux et à sa barbe, des soins minutieux. Conscient que l'on ne prête qu'aux riches, il veut paraître à son avantage. Klaas, qui assiste son maître dans ses préparatifs, n'est pas à son aise : peigne et brosse lui échappent des mains à plusieurs reprises.

– Tu as encore trop bu hier soir ! se moque Torrentius.

Klaas baisse la tête et ne dit mot. Son entretien nocturne avec les deux prédicants, quelques semaines auparavant, lui a laissé un arrière-goût déplaisant qui, ce matin, lui remonte à la gorge. Une des particularités de la trahison, va-t-il découvrir, est d'être, à l'instar d'une rupture amoureuse, amère et très longue en bouche.

Torrentius n'a jamais rencontré Velsaert et Velsaert ne le connaît que de réputation. L'antipathie entre les deux hommes est immédiate et rédhibitoire. C'est la rencontre du sanguin et du bilieux, de l'expansif et du constipé, du lion et du rat d'égout. M. de La Fontaine aurait pu en faire une fable, mais il n'est âgé que de six ans lorsqu'a lieu, à Haarlem, cette première audition où chacun déteste à l'instant ce qu'il perçoit de l'autre. Les bijoux voyants du peintre, les couleurs éclatantes de son pourpoint, la dentelle sophistiquée de sa fraise, ses cheveux longs et sa coiffure apprêtée épouvantent Velsaert autant qu'elles le révulsent. Ce n'est pas une question de bon ou de mauvais goût, c'est un rejet viscéral. Dans le monde étriqué de Velsaert, la couleur est péché, l'abondance condamnable. Torrentius, de son côté, ne manque pas d'observer le teint maladif du bailli, la nuance ivoire de la sclérotique, les pellicules qui poudrent à frimas le noir usé de son habit, ses lèvres pincées sur ses dents grises, son masque sévère. Cet homme a-t-il jamais ri de bon cœur une fois dans sa vie ? Il est permis d'en douter. Le gros Ruyssler qui l'assiste a l'air d'un commis de boucherie. À se frotter au quotidien à un homme aussi lugubre que Velsaert, il ne conservera pas longtemps son teint de pêche et son regard clair.

Ainsi qu'il est d'usage devant un tribunal, Torrentius doit décliner ses noms, prénoms, pseudonyme, adresse, qualité, date et lieu de naissance.

– Monsieur van der Beeck, commence Velsaert, j'ai, à votre encontre, un certain nombre de plaintes…

C'est plutôt de bon augure. Même dans les dossiers où des pères indignés vont parler dignité et honneur bafoué, il ne sera question, au final, que de florins. En Hollande, il n'est de blessure que l'argent puisse réparer, le tout est de s'entendre sur un montant. Les échevins n'assistant pas à l'audience, Torrentius en conclut qu'il s'agit d'une banale affaire de police.

– Nous évoquerons ensuite votre comportement dans la vie publique de Haarlem et vérifierons certaines allégations vous concernant, poursuit Velsaert d'un ton uni. Aussi vous demanderai-je de prendre dès maintenant les dispositions nécessaires à un bref séjour en prison…

Tout en songeant que Cornelisz n'avait pas tort de le mettre en garde, Torrentius répond avec la politesse requise :

– Je comprends, monsieur, la nécessité où vous êtes de me conserver, si je puis dire, à portée de la main, le temps que justice soit rendue, mais je me permets de vous rappeler que mon travail, un tableau qui m'a été commandé par sa Majesté le roi d'Angleterre, ne peut souffrir de retard et…

– Nous parlons, monsieur, de deux jours, trois au plus, le coupe Velsaert avec une fausse bonhomie.

– Dans ce cas… Je me plierai sans restriction à la volonté du tribunal, monsieur.

– Fort bien.

– Et concernant mon avocat…

– Monsieur van der Beeck, vous n'en aurez point.

– Comment ?

– Vous m'avez entendu. Il faudra vous défendre seul.

– Tout accusé n'a-t-il pas droit à un avocat ?

– Vous n'êtes accusé de rien. La Cour souhaite seulement connaître vos réponses à un certain nombre de questions.

Torrentius est décontenancé, mais pas un instant il ne devine le piège dans lequel Velsaert est en train de l'attirer, naïvement persuadé qu'un homme pratiquant une morale aussi austère ne peut être qu'un parangon de vertu, ayant en horreur le mensonge et la ruse. C'est là une erreur d'appréciation qui va lui coûter très cher.

Le peintre prend donc avec Klaas les dispositions nécessaires concernant son linge et ses repas, le temps qu'il occupera, dans l'une des tours de l'hôtel de ville, une pièce assez vaste dotée d'un mobilier sommaire, qui fait parfois office de geôle. Résigné, Torrentius se dit que deux ou trois nuits sans libations ni fornication ne pourront pas lui nuire. Il dort, de fait, d'un sommeil réparateur avant d'être réveillé à l'aube pour être conduit dans la salle glaciale où a lieu l'audience. Velsaert l'y fait patienter à dessein plus d'une heure, petite mise en condition psychologique – le prédicant, dans ce domaine, est en avance sur son temps.

– Monsieur van der Beeck, avez-vous passé une bonne nuit? demande-t-il d'un ton affable.

Sans prêter attention à la réponse de Torrentius, il se met à fouiller dans la liasse épaisse que lui tend Ruyssler.

– Mettons-nous au travail! déclare-t-il, presque enjoué. Voici une plainte à votre endroit déposée par le sieur Martænsz de Delft.

– Je crains de ne pas connaître ce monsieur.

– Il assure pourtant vous avoir avancé, un soir du mois de novembre dans l'estaminet tenu par les époux Schapenburg, la somme de six florins que vous ne lui avez jamais remboursée.

– Je n'ai aucun souvenir, ni de ce monsieur, ni de cette dette.

– Le sieur Martænsz dit que vous étiez fort gris lorsque cet échange s'est produit.

– Ce n'est pas impossible. Lui ai-je signé un billet?

– Le sieur Martænsz assure que oui.

– Pouvez-vous me le montrer?

– Le sieur Martænsz l'a malencontreusement égaré, répond le bailli après un temps.

– C'est donc ma parole contre la sienne?

– En effet.

Torrentius défie son juge du regard, Velsaert baisse aussitôt les yeux, feint de lire un autre papier et demande, l'air de rien:

– Si vous ne vous souvenez pas du sieur Martænsz, vous ne niez pas avoir fréquenté l'auberge des époux Schapenburg?

– Il m'est arrivé, à l'occasion, d'y vider quelques pichets.

– Notez, notez! glisse Velsaert à Ruyssler. Cela nous servira pour la suite.

Les plaintes suivantes sont fantaisistes, Torrentius les réfute sans difficulté. Vient celle de la veuve Claesz. Le peintre reconnaît avoir négligé de payer quelques loyers mais conteste l'énormité de la somme qu'on lui réclame.

– Cette dame vous a compté les intérêts, explique le bailli.

– Je croyais que l'usure était un péché ? s'indigne Torrentius.

– Je ne pense pas qu'il vous appartienne de définir ce qui est péché ou ce qui ne l'est pas, monsieur van der Beeck.

L'espace d'un instant, l'aimable façade s'est fissurée, Velsaert a oublié son rôle de magistrat amène et Torrentius est parcouru d'un frisson. Commence alors un laborieux marchandage au terme duquel Ruyssler inscrit dans son registre le montant dû à la plaignante par son ancien locataire. On pourrait croire l'affaire réglée, elle ne l'est pas.

– La veuve Claesz s'est plainte de vos fréquentations, annonce le bailli. Qu'avez-vous à répondre à cela ?

– Que mes fréquentations ne regardent que moi.

– Musiciens, saltimbanques et femmes de petite vertu, voilà donc de qui vous vous entourez, monsieur ?

– Je n'en ai point honte. Et pour votre gouverne, sachez qu'il m'arrive aussi de frayer avec des médecins, des philosophes, des princes et des marchands.

Velsaert feint de prendre des notes pour dissimuler un sourire de satisfaction. Torrentius avance dans la direction souhaitée. Les mâchoires du piège ont commencé à se refermer. Sur un signe discret du bailli, Ruyssler annonce une suspension d'audience. Torrentius doit patienter seul dans cette salle lugubre pendant que les deux autres, sans doute, se restaurent. On ne lui a proposé ni à boire ni à manger, c'est délibéré.

Le dossier suivant concerne une jeune femme du nom de Griet que Torrentius aurait déflorée et abandonnée. Un vieil oncle, son tuteur, demande réparation : Griet est tombée enceinte, on ne lui trouve pas de mari.

– Si toutes les filles-mères des Provinces-Unies intentent des actions en justice contre moi, s'exclame Torrentius, nous en avons pour un an !

Derrière sa plume d'oie, Ruyssler pouffe. Velsaert frappe la table du plat de la main pour signifier que les plaisanteries ne sont pas de mise au tribunal.

– Reconnaissez-vous les faits, oui ou non, monsieur van der Beeck ?

– En aucun cas ! Moi, je dis que cette fille et son oncle se sont entendus pour me coller cet enfant sur le dos et tirer de moi un profit ! Je ne manque pas d'argent, je passe pour débauché, fornicateur, je représente donc le coupable idéal. Une fois encore, c'est leur parole contre la mienne. À moins d'établir que l'enfant me ressemble trait pour trait.

– L'enfant, semble-t-il, n'a pas survécu.

– Alors il ne peut pas être de moi ! Il aurait hérité de ma vigueur.

Ruyssler s'égaie. Ce Torrentius est un sacré loustic : non seulement il a réponse à tout, mais en plus il a de l'esprit. Un avocat ne lui eût servi à rien. Velsaert, quant à lui, se rend compte qu'il affronte un adversaire plus coriace et sans doute plus retors qu'il ne le pensait. On n'en est, toutefois, qu'aux premières escarmouches. Le bailli est encore loin d'avoir abattu son jeu.

Le panier repas préparé par Klaas ce soir-là s'égare mystérieusement entre la poterne et les appartements du détenu. À l'ouverture de l'audience, Torrentius proteste.

– Où vous croyez-vous monsieur van der Beeck ? réplique Velsaert. À l'auberge ?

– Je suis votre hôte, non votre prisonnier. J'ai faim.

– Il ne nous reste que quelques plaintes à examiner. Plus vite on en aura terminé, plus vite vous pourrez renter chez vous et vous restaurer.

Fort de cette fallacieuse promesse, Torrentius écoute son estomac gargouiller et le bailli égrener contre lui une liste de griefs allant de « tapage nocturne » à « insultes et obscénités proférées en public ». Le coupable, décide le tribunal, acquittera une amende forfaitaire pour l'ensemble de ces infractions. N'ayant pas assez d'argent sur lui, Torrentius est contraint de se délester de l'une de ses bagues. Alors qu'il pense être quitte, Velsaert lève la main :

– Monsieur van der Beeck, il nous reste encore un point ou deux à éclaircir...

Le bailli s'empare d'une nouvelle liasse de papiers et commence à lire le récit suivant : « Nous trouvant ce soir-là à Delft, à l'auberge de la mère Schapenburg, nous entendîmes grand vacarme dans la salle du fond. À nos questions, l'aubergiste répondit qu'il s'agissait d'un peintre du nom de Torrentius qui menait joyeuse vie avec ses compagnons. Le dit Torrentius, vêtu avec élégance, présidait en effet une tablée où se voyaient plusieurs jeunes femmes fort gaies et fort dépoitraillées. Il en avait une sur chaque genou. Bière et vin coulaient d'abondance. Levant son verre, Torrentius déclara qu'il buvait à la santé du Diable qui guidait son pinceau et remplissait son escarcelle. Cette scandaleuse déclaration, loin de susciter l'effroi, ne provoqua, au sein de cette assemblée corrompue, que rires et lazzis. Nous nous retirâmes choqués et résolûmes de porter l'affaire à la connaissance des autorités. » Un silence tendu suit cette lecture.

– Eh bien ? finit par demander Velsaert.

– Eh bien quoi ?

– Qu'avez-vous à dire ? Réfutez-vous ce récit ?

Torrentius pourrait assurer que jamais il n'a proféré de tels propos, que le délateur les a inventés pour lui nuire ou qu'il a entendu de travers. Mais il est à craindre que le bailli dispose de nombreux autres témoignages du même tonneau, alors autant assumer celui-là.

– Il se peut, en effet, que j'aie plaisanté de la sorte avec mes amis.

– Plaisanté ?

– Monsieur le bailli : vous ne pensez tout de même pas que j'aie réellement eu commerce avec Satan ?

– Vous ne seriez pas le premier.

– C'est ridicule !

– Si tel n'est pas le cas, pourquoi le prétendez-vous ?

Torrentius reste coi. Lancée un jour à titre de boutade, l'histoire du Diable qui guide sa main a tellement impressionné son client qu'il l'a resservie à tous les autres. Ses amis ont applaudi, trouvant l'idée plaisante, elle appartient désormais au personnage, au même titre que sa coiffure apprêtée et ses vêtements extravagants. Les mains croisées sous le menton, Velsaert contemple longuement son ennemi avant de demander :

– Monsieur van der Beeck, croyez-vous au Diable ?

– Je ne crois évidemment pas à un personnage poilu, cornu et griffu qui viendrait vous agiter un parchemin sous le nez en proposant je ne sais quel marché de dupes, mais les gens sont friands de ce genre de sornettes...

– Ce n'est donc pas le Malin qui vous souffle vos idées ou dirige votre main quand vous peignez ?

– Soyons sérieux.

– Si j'en crois le témoignage certifié de Klaas Backer, votre domestique, qui a surpris vos propos, c'est pourtant ce que vous prétendez dès qu'il se présente un acheteur dans votre atelier.

À l'énoncé du nom de Klaas, Torrentius a soudain la sensation d'évoluer sur une fine pellicule de glace qui pourrait céder à tout instant. Velsaert ne l'a donc pas convoqué uniquement pour de banales affaires de police, il cherche autre chose, il a dû échafauder son dossier avec soin.

– Monsieur le bailli, explique-t-il d'un ton posé, si je me contentais d'expliquer à mes clients que la qualité exceptionnelle de mes peintures doit tout à un travail acharné, à de patientes recherches sur les couleurs et les vernis ainsi qu'à l'usage d'une *camera obscura*, ils seraient déçus et rechigneraient à payer le prix que je réclame. N'importe qui vous le dira, un bon vendeur, c'est celui qui a une belle histoire à raconter. Lorsque j'explique, avec les mimiques appropriées, que mon habileté est diabolique *stricto sensu*, les amateurs ont le sentiment d'en avoir pour leur argent, comprenez-vous ?

Nouveau silence de Velsaert qui finit par dire :

– Vous êtes donc un menteur ?

– Dit-on d'un comédien que c'est un menteur parce qu'il endosse le rôle d'un personnage ?

– Répondez à la question.

– Eh bien... Dans ce cas précis, oui, je mens.

– Croyez-vous en Dieu ?

– Bien entendu !

– Qui me dit que vous ne mentez pas ?

– Monsieur le bailli ! Je ne mentirais point sur une question aussi grave.

– Le Diable est-il un sujet moins grave ?

– Le Diable appartient à la culture populaire. Il est l'objet de nombreux contes, de récits fantaisistes ou fantastiques. C'est à ce titre que je me sers de lui. Pour moi, il est un peu comme… comme le crocodile qui signale la boutique de l'apothicaire, voyez-vous ?

– Pas du tout.

– Disons que j'ai fait du Diable une marque de fabrique.

Velsaert n'entend pas grand chose aux subtilités du négoce, encore moins à celles de la communication. Sorti du cadre étroit du dogme, il nage dans l'inconnu. Tracer une ligne au sol : à gauche le mal, à droite le bien, voilà tout ce qu'il sait faire. Pour masquer son embarras et se donner le temps de préparer sa riposte, il ajourne la séance et informe Torrentius qu'il dormira, cette nuit encore, à l'hôtel de ville. Sourd à ses protestations, il se hâte de quitter la salle, Ruyssler sur les talons.

Tandis que Velsaert relit notes, minutes et témoignages en se rongeant les ongles, Torrentius, privé de plume, de papier, de chandelle ainsi que de dîner, rédige dans sa tête une missive incendiaire aux échevins pour se plaindre de la manière désinvolte dont il est traité. Cornelisz de son côté, est fort soucieux. La nouvelle de la comparution du peintre devant le bailli est parvenue à son officine. Dire : « Je l'avais prévenu » n'avance à rien. Velsaert est un adversaire obstiné et dangereux, il faut se préparer à une longue bataille. L'apothicaire commence par écrire aux membres les plus éminents de leur petit groupe de réflexion, ceux que le bailli soupçonne de rosicrucisme, pour les informer de la situation et leur demander d'user de leur influence en faveur de Torrentius, leur ami commun. Il se rend ensuite au domicile de ce dernier dans l'espoir d'en apprendre un peu plus de la bouche de Klaas et de faire disparaître, le cas échéant, les preuves de l'implication du peintre dans l'artisanat pornographique. Le domestique n'est pas au logis, occupé, sans doute, à noyer ses remords dans quelque estaminet. Cornelisz sait où l'on cache les tirages cochons, il n'en trouve aucun. En revanche, il met la main les cuivres et les ramène chez lui par précaution, au cas où le bailli aurait l'idée de faire perquisitionner l'atelier du peintre.

Si Torrentius avait avoué un quelconque commerce avec le Diable, les choses eussent été rondement menées, on aurait pu le condamner pour sorcellerie et l'expédier au bûcher. Mais le bougre est rusé. Reconnaître qu'il a menti l'absout *de facto*. Si l'on devait brûler les menteurs, la terre serait dépeuplée. Velsaert est dépité, il lui reste heureusement d'autres cartes à abattre.

En ouvrant son tribunal au point du jour, le bailli constate que les petites vexations infligées à Torrentius commencent à porter leurs fruits : la fraise en berne, le pourpoint froissé et les cheveux en bataille, le peintre a déjà perdu de sa superbe et un peu de son arrogance. En outre, la faim le tenaille.

– Monsieur van der Beeck, attaque Velsaert, le bruit court que vous appartiendriez à la secte des Rose-Croix. Qu'avez-vous à en dire ?

– Ce sont des allégations ridicules. Et mensongères.

– Admettons. Vous avez, cependant, entendu parler des Rose-Croix ?

– Comme tout le monde.

– Que pouvez-vous m'en dire ?

– Ce qu'en dit tout le monde. Il s'agirait de gens qui suivent les préceptes d'un certain Christian Rosenkreutz lequel a écrit, paraît-il, un traité fort savant que je n'ai point lu.

– Suivez-vous ces préceptes monsieur van der Beeck ?

Me tendre un piège aussi grossier, c'est presque insultant, songe Torrentius qui répond poliment :

– Je les suis d'autant moins que j'en ignore la teneur.

– Cela aurait, dit-on, rapport avec l'alchimie ?

– Comment le saurais-je, monsieur ?

– Votre ami Jeronimus Cornelisz doit le savoir, lui. Il ne vous en a jamais parlé ?

– Mon ami Cornelisz me conseille quant à la préparation de mes liants et de mes vernis. Je ne sache point qu'il pratique l'alchimie.

Velsaert passe sur ses lèvres une langue gourmande avant de déclarer :

– Vous vous êtes pourtant rendu en sa compagnie, le 17 avril dernier, au domicile d'un certain Jacob Nuythborn.

– Cornelisz m'a accompagné un soir chez Nuythborn, en effet. La date, je l'ai oubliée.

– Quel était le but de cette réunion ?

– Il ne s'agissait pas d'une réunion. Nuythborn est lunettier. Il a mis au point une méthode innovante de polissage des lentilles dont il souhaitait nous faire la démonstration.

– Avez-vous besoin de lunettes, monsieur van der Beeck ?

– Non point, ma vue est excellente.

– Alors expliquez-moi pourquoi vous allez voir un lunettier polir des lentilles ?

– Parce que je suis curieux des avancées de la science et que l'optique de ma *camera obscura* est l'œuvre de monsieur Nuythborn.

– Qui d'autre était présent ce 17 avril ?

Si Torrentius cite Abraham Lusitano, ce médecin sephardim venu spécialement d'Amsterdam, ou le jeune prince Gustav, neveu par alliance du *stadhouder* Frédéric-Henri de Nassau, cela accréditera la thèse de la secte. Si important que soit ce dernier personnage, il sera contraint de s'expliquer à son tour ; partisan d'Arminius, à l'instar de beaucoup d'aristocrates et de grands bourgeois, il s'y trouvera en butte à l'hostilité d'un tribunal constitué de prédicants issus de basses couches de la population. Mieux vaut donc ne pas l'impliquer et solliciter son appui en toute discrétion.

– Il n'y avait que Cornelisz et moi, affirme donc Torrentius.

Chez Nuythborn, ce soir-là, on a évoqué les liens mystérieux qui unissent les plantes et les minéraux aux planètes qui gravitent, innombrables, dans le cosmos. La raison en est, a expliqué le lunettier-philosophe, que des plus grands objets de la création aux plus minimes corpuscules, toutes les choses renferment en elle une part de substance divine. Autrement dit, chaque parcelle du grand Tout contient l'univers en totalité a redondé le médecin qui s'est appliqué à démontrer, à l'aide de schémas touffus dessinés de sa main, que les diverses parties du corps humain étaient en corrélation avec des métaux ou des substances chimiques. Une connaissance approfondie de ces correspondances permettra un jour de soigner toutes les maladies, a-t-il conclu. La discussion a porté ensuite sur la question de savoir si un Dieu réputé infini pouvait avoir créé un monde « clos et borné » selon les termes de Giordano Bruno dont Gustav a tenu à leur lire un passage : « Aussi ce Dieu, en tant qu'il est Absolu, n'a-t-il pas de rapport à nous ; il n'en a que dans la mesure où il se communique aux effets de la nature, plus intimement que la nature elle-même. De sorte que s'il n'est pas la nature même, il est certainement la nature de la nature, et il est l'âme de l'âme du monde, s'il n'est pas l'âme elle-même. » On a débattu, pour finir, de la théorie de la réincarnation, séduisante pour les uns, absurde aux yeux des autres. Torrentius et Cornelisz sont rentrés ensemble dans la nuit claire, plus gris que de coutume, encore que leur ivresse dût plus à la qualité élevée du débat qu'à celle du vin de leur hôte. Des millions d'étoiles piquetaient la voûte céleste, il était exaltant de penser qu'il en existait encore des milliards d'autres que même le télescope de Nuythborn ne permettait pas de voir tant elles étaient éloignées de la Terre. Heureux d'être en vie dans cet univers prodigieux, les deux amis ont pissé côte à côte dans le canal avant de regagner leurs domiciles respectifs.

Le prince Gustav froisse le message de Cornelisz et le jette au feu. Fâcheuse nouvelle. Cette grande gueule de Torrentius a fini par se faire coffrer, on lui avait pourtant conseillé à maintes reprises de mettre un peu la sourdine, de raser les murs de plus près, mais non ! Persuadé d'être exceptionnel et invulnérable, ce type n'écoute que lui-même, il n'en fait qu'à sa tête, aussi enflée que ses chevilles. Voilà le résultat. La question qui préoccupe le prince est : va-t-il citer mon nom ? Gustav ne craint, objectivement, pas grand chose : le bailli ne se risquerait pas à arrêter le neveu du *stadhouder* sans un motif sérieux et si, par hasard, l'affaire devait tourner au vinaigre, il lui suffirait d'aller respirer l'air de la cour d'Angleterre pendant un an ou deux. Mais soutenir publiquement Torrentius, lui procurer un avocat ou lui envoyer quelques douceurs pour atténuer les rigueurs de la prison, ainsi que l'en conjure Cornelisz, serait une erreur. Selon l'issue du procès, sa réputation pourrait être éclaboussée. Gustav choisit donc courageusement de ne pas lever le petit doigt. Le Dr Lusitano, quant à lui, répond à Cornelisz qu'en tant que Juif, il n'est pas le mieux placé pour soutenir un homme que l'on accuse, entre autres turpitudes, d'appartenir à une secte et d'adorer le Diable. Il promet toutefois une aide financière, si cela devait s'avérer nécessaire.

Velsaert est à peu près certain que Torrentius tait le nom de ses complices en hérésie, des crypto-Arminiens, à n'en pas douter. Il envisage un instant de lui faire appliquer la question, mais son dossier d'accusation est trop mince et les échevins pourraient en prendre ombrage. Beaucoup estiment que les rosicruciens n'ont jamais existé, qu'il s'agit d'une rumeur, ou d'une légende comme il s'en colporte tant. S'il insiste, le bailli court le risque de se couvrir de ridicule, il préfère revenir sur un terrain plus solide. Ainsi le témoignage de ce couple qui habite à proximité de la taverne du Faucon doré dont Velsaert, en personne, a vérifié chaque mot.

L'affaire a lieu un dimanche. Monsieur Beerhovent et son épouse qui tiennent une petite affaire de bonneterie, reviennent paisiblement chez eux après avoir assisté au culte dans le temple voisin. De la taverne surgissent soudain deux créatures en cheveux, dépenaillées – c'est le terme qu'emploie Mme Beerhovent dans sa déposition – accompagnées d'un personnage hirsute, hilare et barbu qui paraît pris de boisson, il a d'ailleurs un verre à la main. Tout ce monde s'agite, parle fort, rit à gorge déployée. Un dimanche matin ! L'individu alcoolisé se plante devant les Beerhovent qu'il interpelle grossièrement :

– D'où venez-vous ?

– Du temple de la Kokstraat, monsieur.

– Qu'y faisiez-vous ?

– Monsieur, nous y avons écouté la lecture de quelques versets de la Bible ainsi que le sermon.

– Et nous avons prié, ajoute madame Beerhovent en battant chastement des cils.

– Qui avez-vous prié ? demande l'ivrogne.

– Qui ? Mais Dieu, évidemment !

À ces mots, l'affreux bonhomme s'esclaffe de plus belle. Il en renverse son vin, il se tape sur les cuisses. Les Beerhovent sont très mal à l'aise, ils aimeraient passer leur chemin, mais l'autre leur barre la route. Prenant à témoin les deux femmes légères, il lance :

– Que se passerait-il si vous n'alliez point au temple ? Si vous ne priiez point Dieu ?

– Nous serions punis, monsieur. Dans ce monde, et plus encore dans l'autre !

– Foutaises !

Monsieur Beerhovent est indigné ; sa femme, terrifiée, pleure sans retenue. L'horrible individu poursuit :

– Vous ne comprenez donc point que l'on vous mène en bateau avec ces histoires de châtiment divin, d'au-delà, d'enfer ! Les prédicants ont inventé un Dieu à leur image ! Aigri, sévère, très loin de la vie ! Dieu, c'est mille fois plus grand, mille fois plus beau, mille fois plus merveilleux ! Dieu est partout, braves gens ! En tout ! À quoi bon vous rendre au temple pour prier ? Dieu est en vous !

Velsaert a lu lui-même ce document accablant et Torrentius comprend que son procès vient de changer de dimension, ce qui n'est pas une bonne nouvelle : une fois engagée sur le terrain théologique, la partie va devenir périlleuse. Ruyssler retient son souffle et Velsaert demande :

– Eh bien, monsieur van der Beeck ?

Torrentius ne dit mot.

– Reconnaissez-vous avoir tenu de tels propos aux époux Beerhovent ? reprend le bailli.

– Je ne me suis certes pas exprimé de cette façon…

– Leur avez-vous parlé de Dieu, oui ou non ? tonne Velsaert.

– J'étais ivre, monsieur. Ils le disent eux-mêmes.

– Est-ce oui ou non ?

Torrentius lâche un: « Oui, mais… » du bout des lèvres. Velsaert a l'impression de se dilater intérieurement. Il lui manquait, jusqu'ici, un acte d'accusation digne de ce nom, il en a au moins deux: hérésie et blasphème.

Ce soir-là, Torrentius quitte l'hôtel de ville sous bonne garde, des chaînes aux pieds et aux poignets, pour être transféré à la prison de la ville. C'est une construction circulaire, vestige d'une forteresse disparue, dont les briques rouges sont festonnées de mousses d'un vert tendre. On y dort à même le sol sur un tapis de paille moisie, comme il se doit. Outre le coucher, la ville fournit le couvert le temps que dure l'instruction; c'est le plus souvent un brouet grisâtre dans lequel flottent des fragments d'une viande qui pourrait être du rat bien que le geôlier jure, la main sur le cœur, qu'au pire c'est peut-être du chat. Il n'est évidemment pas question d'y faire sa toilette et en quelques jours, Torrentius a l'allure et l'odeur d'un mendiant. Histoire de mieux assouplir sa résistance, Velsaert le laisse mariner à dessein dans cet ignoble cachot.

Le bailli, quoi qu'il en soit, a besoin de temps pour préparer un procès qu'il veut exemplaire. Les esprits forts et autres mécréants vont découvrir ce qu'il en coûte de mettre en doute la parole divine et de s'en prendre à ceux qui en sont les serviteurs zélés. Velsaert n'a pas encore décidé s'il laissera la vie sauve au prévenu ou s'il prononcera une sentence de mort, mais son jugement devra marquer durablement les consciences. Les échevins, cette fois, seront tenus d'honorer le tribunal de leur présence. Ces messieurs de l'université de Leyde ont été informés de l'évolution de l'affaire Torrentius. S'ils faisaient le déplacement, cela flatterait ce qu'il faut bien appeler le snobisme de Velsaert.

La première réaction de Cornelisz, en apprenant le transfert de Torrentius à la prison municipale, est de prendre la fuite. Il a mis assez d'argent de côté pour pouvoir s'embarquer sur un navire et refaire sa vie de l'autre côté des océans, à Java ou à Sumatra. Mais après une nuit de questionnements et d'angoisse, l'apothicaire se ressaisit : si le prince Gustav et le docteur Lusitano n'ont pas été d'un grand secours, Torrentius compte encore à Haarlem un certain nombre d'amis et d'admirateurs au nombre desquels le bourgmestre. Ce sont eux qu'il faut mobiliser. Le bailli a beau être tout puissant dans son tribunal, quelques pressions judicieusement exercées pourraient calmer ses ardeurs. Cornelisz adresse donc aux uns et aux autres, des lettres précises et poignantes. À toutes fins utiles, il informe également M. Brigby, rentré en Angleterre, de la situation.

Velsaert espérait voir Torrentius se présenter devant ses juges les habits souillés et les cheveux agglomérés en étoupe, mais le bourgmestre, choqué par son arrestation, ne l'entend pas ainsi. Flanqué de Cornelisz, il rend visite au prévenu, ce que le bailli n'a pas le pouvoir de lui refuser. Effaré des conditions de détention du peintre, il lui fait aussitôt porter des vêtements propres, de quoi écrire et se laver, ainsi que des plats mitonnés dans sa propre cuisine. Cornelisz de son côté prodigue ses encouragements à son ami, lui offre un onguent destiné à repousser les puces qui infestent la litière, un autre à apaiser la cuisson de leur morsure. Si graves que soient les fautes supposées de Torrentius, s'émeut le bourgmestre, il convient de le traiter de façon humaine, chrétienne. Velsaert avale la couleuvre en silence.

En conséquence, c'est un Torrentius pugnace et requinqué qui prend place sur le dur banc des accusés. Seul son teint, plus pâle qu'à l'accoutumée, témoigne des semaines passées loin de la lumière du soleil, sans une goutte de vin. Velsaert conduit l'instruction, Ruyssler fait office de greffier ; sont présents les trois échevins et un docteur en théologie de l'université de Leyde fort mal prénommé Dyonisius. Dyonisius Wijnants a répondu positivement à l'invitation du bailli, moyennant la prise en charge de ses frais de séjour par la ville de Haarlem. Wijnants lit, écrit et parle le latin, ce qui ne laisse pas d'impressionner Velsaert, lequel ne connaît que la Bible dans sa traduction flamande. Wijnants a pour livre de chevet *La Démonomanie des sorciers* de Jean Bodin, ce qui n'augure rien de bon pour la suite.

Les travées réservées au public ne sont occupées que par deux ou trois hommes vêtus de noir, parmi lesquels Gideon Sonnevelt venu assister à la déconfiture annoncée de son ennemi. Les supporters du peintre, quant à eux, ont préféré faire profil bas, ne pas se montrer, sauf Cornelisz quand sa pratique lui en laisse le temps.

Torrentius doit à nouveau décliner ses noms, prénoms et qualité. Les cinq magistrats, assis en face et deux pieds plus haut que lui sur une estrade, conservent une immobilité de statues. Velsaert entreprend la lecture du réquisitoire qu'il a eu le loisir de peaufiner : « L'homme qui se tient devant vous, messieurs, a fait l'objet de nombreuses plaintes allant du tapage nocturne à la grivèlerie. Il s'en est expliqué devant nous, a reconnu ses torts et s'est acquitté de plusieurs amendes. L'affaire aurait pu s'arrêter là si le prévenu n'avait fait preuve d'une insupportable arrogance, s'il n'avait tenu devant nous des propos scandaleux et blasphématoire auxquels il semble prendre une joie perverse. S'il apparaît, suite aux premiers interrogatoires, que le dénommé van der Beeck, n'est pas membre de la secte des rosicruciens, il appartiendra néanmoins à cette cour de déterminer s'il est coupable d'hérésie ou d'athéisme. »

Un murmure d'effroi salue ces derniers mots. Sachant ce qu'il risque pour un chef d'accusation aussi grave et aussi imprécis, Torrentius réclame à nouveau un avocat.

– Refusé, répond Velsaert.

– Pour quelle raison ?

– Je n'ai aucune raison à vous donner, monsieur van der Beeck.

Le théologien de Leyde approuve d'un long hochement de tête : ce bailli si ferme, si compétent lui plaît. Lorsque les preuves de son athéisme auront été établies, ce Torrentius grillera sur le bûcher, bon débarras.

– Savez-vous pourquoi monsieur van der Beeck se fait appeler Torrentius ? reprend Velsaert. Parce que le nom de van der Beeck est celui d'un individu malhonnête, d'un voleur, d'un escroc ! Et cet escroc, messieurs, était le père du prévenu !

Torrentius avait six ans la dernière fois qu'il a vu Nicolas, son père. Il se souvient d'un bel homme, toujours vêtu à la pointe de la mode, le verbe haut. Nicolas est rentré ce jour-là à la maison les bras chargés de victuailles, fleurant le genièvre, exigeant de Symontgen, son épouse, qu'elle prépare un repas. Symontgen claque les portes et malmène la vaisselle pour manifester une colère dont la raison échappe au petit garçon. Nicolas s'attable et bâfre, encourageant Johannes à l'imiter. À l'autre extrémité de la pièce, sa mère, retenant ses larmes, dévide d'inaudibles récriminations et son chapelet, car elle est fort pieuse. Nicolas allume sa pipe, Johannes, repu, s'endort sur ses genoux. Lorsqu'il se réveille, la nuit est tombée. Sa mère est toujours assise au même endroit. De Nicolas, il ne reste qu'une odeur de tabac. Quelques jours plus tard, Symontgen confectionne deux baluchons et emmène Johannes chez son frère, près de Nieuwmarket. C'est là qu'ils habiteront désormais un logement étroit. Symontgen ne parle jamais de son mari et Johannes, qui ne comprend rien à la situation, n'ose pas poser de questions. À dix ans, il entre en apprentissage chez Piet Hogaert, un lointain cousin de sa mère spécialisé dans le retable et la peinture d'autel. Gerard, un grand dadais de deux ans son aîné, apprenti comme lui, se charge de l'informer que Nicolas van der Beeck a été l'hôte d'un bordel avant d'être détenu à la prison du Heiligeweg, bien fait pour sa gueule. Johannes refuse de le croire, se précipite sur le sale menteur, et se fait copieusement rosser. Gerard a pourtant dit la vérité. Après des débuts incertains dans le trafic des fausses reliques, Nicolas van der Beeck s'est tourné vers un commerce maritime en pleine expansion Il est parti d'un constat simple : tous les Hollandais rêvent de s'enrichir, mais à plus de trois mille florins, le ticket d'entrée à la Compagnie Hollandaise des Indes Orientales n'est pas à la portée du premier venu. Nicolas a créé en conséquence une société qui vend des parts de navire, moins coûteuses que celles de la Compagnie, et presque aussi rentables. Sa faconde et son enthousiasme sont communicatifs, l'affaire tourne rond. Les versements des derniers clients servent à rétribuer les premiers, selon un principe bien connu encore en usage de nos jours. Lorsque l'exercice devient trop périlleux, Nicolas annonce, des sanglots dans la voix, que le navire fictif a été attaqué par les pirates ou qu'il a sombré corps et biens lors d'une tempête, ce sont, n'est-ce pas, les aléas de la navigation. Nicolas réfléchit d'ailleurs à la manière dont il serait possible de mutualiser les risques de tels voyages et, si les autorités n'avaient pas interrompu brutalement ses activités en le jetant en prison, il aurait sans doute fondé une compagnie d'assurances. Johannes a douze ans lorsque son père parvient à s'évader. Symontgen serait capable de le dénoncer s'il se risquait à venir dire adieu à son fils, elle continue à lui en vouloir de s'être laissée séduire et engrosser. Prudent, Nicolas s'enfuit donc en Allemagne.

Il finit par s'établir à Cologne, où il fonde une nouvelle famille ainsi qu'une banque dont la réserve est constituée de titres de mines d'or et d'argent imaginaires, on ne se refait pas.

En contraignant Johannes à apprendre le dur métier de peintre, Symontgen a pensé faire mentir l'adage : « tel père, tel fils ». On peut parler d'un succès puisque Johannes, délaissant toutefois la veine religieuse pour des raisons que l'on apprendra plus tard, s'est passionné pour son métier au point de devenir l'un des artistes les plus en vue des Provinces-Unies. Mais la chère femme n'aurait jamais dû lui faire épouser Neeltgen, si catholique et sérieuse fût la famille van Camp. Sans être franchement laide, Neeltgen était tout de même loin d'être une beauté et surtout, à l'instar de Symontgen, elle considérait le devoir conjugal comme tel et multipliait les prétextes pour s'y soustraire. À vingt-trois ans, le bouillant Torrentius ne peut évidemment se satisfaire d'une telle épouse, il la trompe avec l'entrain qu'on lui connaît et le divorce finit par être prononcé à ses torts. Symontgen ne pardonne pas à son fils d'avoir brisé ce qu'elle avait ourdi pour son bien et Johannes lui reproche son ingérance dans sa vie. Entre mère et fils, la brouille semble consommée.

Velsaert ne manque d'ailleurs pas de rappeler à la cour que van der Beeck fils a été brièvement incarcéré pour avoir négligé de payer la pension alimentaire de Neeltgen, voyez, messieurs, le genre de personnage que nous allons juger ! Torrentius proteste contre ce portait tendancieux, on lui clôt le bec. M. van der Beeck mène grand train, poursuit le bailli, rien n'est trop beau ni trop cher pour lui, cependant, il n'hésitera pas à gruger une veuve de ses loyers, à quitter une auberge en oubliant de régler la note, à abandonner sans scrupules une fille enceinte de ses œuvres après l'avoir séduite !

– Objection ! s'indigne Torrentius. Cela reste à prouver !

Il se fait à nouveau rabrouer : il parlera quand on le lui permettra. Velsaert enchaîne :

– À ces turpitudes, il convient, bien entendu, d'ajouter la luxure et la plus abjecte débauche.

Pour étayer son propos, Velsaert appelle alors à comparaître la mère Schapenburg qui, précise Ruyssler, tient dans les environs de Delft une auberge réputée. Gardant obstinément les yeux fixés sur la pointe de ses sabots, cette femme, qui doit une partie de son aisance à l'argent que Torrentius a dépensé sans compter dans son établissement, entreprend de décrire les orgies que le peintre organisait sous son toit. Elle grossit les faits, accumule les détails les plus scabreux au point que Torrentius lui-même proteste et l'accuse de broder, ce qui lui vaut d'être menacé du bâillon s'il se révèle incapable de garder le silence. La mère Schapenburg fait ensuite état de ce toast que Torrentius aurait porté à la santé du Diable et qui, selon ses propres termes, lui a « glacé les sangs ».

– Je souhaiterais poser une question au témoin, dit Torrentius.

Velsaert s'apprête à refuser, mais croisant le regard du bourgmestre qui assiste à l'audience, il donne son autorisation.

– Vous m'avez donc vu lever mon verre à la santé du Diable, madame ? demande Torrentius.

– Assurément, monsieur.

– Dans quelle situation étais-je ?

– Je ne comprends pas.

– Étais-je debout, assis, vautré sous la table, couché sur une putain, que sais-je ?

La mère Schapenburg hésite longtemps avant de répondre :

– Vous étiez debout.

– Vous en êtes certaine ?

– Oui.

– Monsieur le bailli, dit alors Torrentius, pourriez-vous relire à la cour le témoignage de ce voyageur qui a été témoin de la même scène ?

– Lisez donc, ordonne Velsaert à Ruyssler sans deviner où l'accusé veut en venir.

Lorsque l'on arrive au passage où il est précisé que le peintre avait « une femme sur chaque genou », il est trop tard et Torrentius triomphe :

– Vous n'avez rien vu, ni rien entendu, la mère ! Vous ne faites jamais le service de salle ! Vous étiez dans votre cuisine ! On vous a rapporté cette histoire et vous prétendez la raconter comme si vous en aviez été le témoin.

La mère Schapenburg reste muette, tortillant un coin de son tablier pour exprimer son embarras.

– Vous avez juré sur la Bible de dire la vérité ! lui rappelle Torrentius, non sans malice. Attention ! L'enfer vous guette !

– Monsieur van der Beeck prenez garde à vous ! tonne Velsaert.

– C'est lui ! glapit alors l'aubergiste en désignant, dans le public, Sonnevelt, qui fixe alors intensément la pointe de ses souliers maculés de boue. C'est lui qui m'a fait répéter tout ce que je devrais dire devant m'sieur le bailli !

– Je pense que ce témoignage peut être écarté ? dit alors Torrentius en fixant le théologien de Leyde qui s'empresse de regarder ailleurs.

– Il le sera, assure Velsaert en maudissant *in petto* la maladresse de Sonnevelt. Il le sera. Poursuivons…

Cette victoire n'est pas la seule que Torrentius va remporter : d'autres prétendus témoins de son inconduite, des gens simples, reconnaissent sans difficulté avoir été achetés ou manipulés par

Sonnevelt qui, depuis l'incident, a judicieusement cessé d'assister aux audiences. De plus en plus sûr de lui, le peintre crie désormais au complot, à la cabbale, au coup monté. Ses supporters refont surface, et ce que l'on n'appelle pas encore « l'opinion publique » semble basculer en sa faveur. Il obtient de faire citer à son tour des témoins à décharge. Ainsi Cornelisz, commerçant respecté, peut-il assurer le tribunal que Torrentius consacre son énergie à peindre et que si on peut le croiser au cabaret, le soir, c'est qu'il s'y détend en buvant quelques chopes après une journée de travail harassante, comme n'importe quel honnête citoyen. Rien d'orgiaque ou de diabolique dans ce comportement. Le patron du Faucon doré confirme les dires de l'apothicaire et accuse nommément Sonnevelt d'avoir tenté de lui faire signer une déclaration mensongère. Très embarrassé, le bailli, qui a rétribué Sonnevelt de sa propre poche pour ses services, grommelle qu'il va diligenter une enquête et châtier le manipulateur.

C'est alors que Klaas Backer est arrêté à Amsterdam en possession d'un lot d'estampes à caractère pornographique qu'il a fauchées à l'atelier et qu'il a eu la sottise insigne de proposer à Houtmans. Sachant Torrentius entre les mains de la justice, ce dernier a aussitôt dénoncé le domestique pour se mieux disculper. L'incident aurait pu être ignoré à Haarlem si Klaas, pour sa défense, n'avait prétendu agir sur ordre de son maître, le peintre et graveur Johannes Torrentius. Le magistrat d'Amsterdam qui instruit le procès du domestique n'est pas du genre à bâcler le travail, chaque élément d'information doit être dûment vérifié, il prend contact avec son homologue de Haarlem.

Torrentius auteur d'images licencieuses! Velsaert n'en demandait pas tant. Il rend grâce à Dieu pour ce coup de pouce inespéré et interrompt le procès le temps que les pièces à conviction lui soient envoyées. En découvrant les gravures, il est horrifié. Comment peut-on représenter de telles horreurs ? Avec une telle précision ? Velsaert en a les mains moites, le cœur battant, et l'affreuse impression que son sexe est soudain doté d'une vie autonome. Une nuit de prière lui est nécessaire pour éloigner la tentation et retrouver un semblant de dignité.

– Monsieur van der Beeck, demande-t-il à l'ouverture de l'audience, quelques jours plus tard, êtes-vous l'auteur de cette estampe ?

Frémissement dans la salle. On se tord le cou pour mieux voir la gravure que le bailli présente à l'accusé. Ruyssler suffoque et sue dans son habit noir, il n'est pas le seul. Ignorant ce qui s'est passé à Amsterdam, Torrentius s'interroge : comment cette image est-elle parvenue entre les mains de Velsaert ? Il sait que Cornelisz a caché les cuivres et qu'il n'a rien à redouter d'une perquisition de son atelier, aussi répond-il d'un ton assuré :

– En aucun cas, monsieur le bailli.

– Elle porte pourtant votre monogramme. Voyez en bas à droite : *V.de B.* Pour van der Beeck !

– Ce pourrait être van de Brouke, ou van der Bintje, ce sont des initiales assez communes.

– Et le… Le Priape ? Ne vous ressemble-t-il pas comme un frère ?

– Coïncidence. À moins que l'auteur de cette gravure ne lui ait délibérément prêté mon apparence afin de me nuire.

– Vous niez donc être celui qui a réalisé et imprimé ce dessin scandaleux ?

– Je le nie.

Velsaert se penche alors vers Ruyssler et lui murmure quelques mots à l'oreille. Ruyssler, à son tour, chuchote à l'intention de l'huissier du tribunal qui s'éclipse. Un silence chargé d'électricité règne dans la salle. L'huissier revient poussant devant lui une jeune femme dont un chaperon bleu foncé dissimule les cheveux et le visage.

– On t'appelle Zwantie, je crois ? lance Velsaert.

Et merde ! songe Torrentius.

– Oui, monsieur le bailli, répond l'intéressée.

– Ôte ton capuchon, ma fille ! Monsieur van der Beeck, connaissez vous cette femme ?

– Je la connais.

– Nierez-vous que c'est elle qui figure sur cette image dont vous prétendez ne pas être l'auteur ?

– Toutes ces filles se ressemblent peu ou prou, ne trouvez-vous pas ?

– Zwantie, peux-tu raconter devant ce tribunal ce que tu m'as confié hier ?

La présence de Zwantie, on la doit à Sonnevelt qui a eu à cœur de rattraper ses bourdes. À l'instigation du bailli, il a écumé les mauvais lieux de la ville et des alentours, exhibant le portait gravé de la jeune femme, pudiquement découpé à hauteur d'épaules dans l'une des pièces à conviction. Zwantie a été reconnue sans ambiguïté par plusieurs personnes et conduite devant le bailli qui lui a mis le marché en main : soit elle reconnaissait avoir servi de modèle au peintre Torrentius, soit elle se verrait chassée de la ville ainsi que sa vieille maman dont elle est l'unique soutien. Zwantie, pragmatique, a choisi la première option et décrit de quelle manière Torrentius l'a obligée à copuler dans des positions variées, de façon à constituer une sorte de catalogue. En outre, il l'a fait poser nue, jambes écartées, pour réaliser des croquis de ses parties honteuses. Ce dernier détail achève de révulser l'assemblée. Au moment de quitter la salle, Zwantie adresse à Torrentius une mimique désolée qui signifie : vu les circonstances, vieux, c'est chacun pour soi.

Le pilori paraissant une peine bien trop légère pour un délit aussi grave, Velsaert innove en condamnant Torrentius à vingt années de réclusion pour fabrication et diffusion de matériel pornographique. Considérant les conditions de détention, la vermine, l'humidité et le désespoir, il mourra en prison. Et il mourra ruiné, car le prisonnier doit assurer sa subsistance avec ses propres deniers. À l'exception du fidèle Cornelisz, les partisans du peintre se font à nouveau discrets et le bourgmestre se montre dorénavant très réticent à défendre l'auteur de ces gravures qui égaient pourtant, depuis des années, ses pratiques solitaires.

Considérant la gravité du cas, confirmée par l'éminent docteur Wijnants, Velsaert ordonne la saisie des œuvres du peintre en son atelier. Esquisses, carnets et tableaux sont stockés, sous clé, dans une salle de l'hôtel de ville. Ruyssler qui a dirigé cette opération de police espérait se rincer l'œil au passage, il est fort déçu : il n'a vu que des natures mortes, de petites études figurant des objets du quotidien ainsi qu'une poignée d'autoportraits saisissants de vérité. Personne ne s'avise que les matrices des estampes ont disparu et Cornelisz se félicite de son initiative : si par extraordinaire Torrentius sortait un jour de prison, il pourrait au moins relancer sa petite industrie. Klaas Backer, quant à lui, termine au bout d'une corde sa brève carrière de marchand d'art. On fait aux humbles des procès plus expéditifs.

Fort d'une première condamnation qui est un véritable don du ciel, Velsaert n'en a pas terminé pour autant avec Torrentius. Le voilà libre à présent de se concentrer sur les questions théologiques qui le préoccupent : ainsi cette histoire de Diable dont Torrentius a prétendu se servir pour épater le chaland, de la même manière qu'un romanichel fait danser un ours. N'y a-t-il pas quelque chose de profondément impie dans cette façon d'user d'un ange, fût-il déchu, à des fins mercantiles ? Wijnants est formel sur ce point : c'est un péché très grave. À dire vrai, tout est péché aux yeux de cet homme, car tout péché appelle châtiment. Wijnants considère le pardon comme une faiblesse, une perversion, une des nombreuses aberrations de ces papistes qu'il exècre. Velsaert passe une nuit à compulser les précédentes déclarations de Torrentius et y trouve un angle d'attaque qui paraît prometteur.

– Vous m'avez clairement expliqué, monsieur van der Beeck, que vos clients aimaient vous entendre raconter que le Diable en personne guidait votre pinceau, mais qu'il s'agissait, en fait, d'un mensonge ?

– Je parlerais plutôt d'une fiction.

– Mensonge et fiction ont la même face hideuse, intervient Wijnants. Celle du péché !

– Vous m'avez dit également, monsieur van der Beeck, ne pas croire en ce Diable dont vous faites un usage abusif.

– Je vous l'ai dit, en effet.

– Mais ne pas croire au Diable, exulte alors Velsaert, cela revient à ne pas croire en Dieu, puisque Dieu a créé toutes choses !

Dans les rangs du public, plus nombreux et plus assidu depuis l'affaire des gravures cochonnes, on apprécie le sophisme. Torrentius corrige :

– J'ai dit que je ne croyais pas à ce personnage aux pieds fourchus, couvert de poils et affligé d'une longue queue que la tradition populaire se plaît à nous dépeindre. Mais je ne nie point que le Mal, qu'il soit incarné par le Diable ou par autre chose, soit partie intégrante de la création divine.

Velsaert tente alors d'amener Torrentius à avouer qu'il nie l'existence de Dieu, mais loin de tomber dans le chausse-trappe qu'on lui tend, le peintre témoigne d'une foi sincère en l'existence d'un Créateur, d'un être suprême, d'un Grand Architecte qu'il est convenu d'appeler Dieu. Contrarié, le bailli décide d'avoir à nouveau recours aux époux Beerhovent qu'il fait cette fois citer comme témoins. Torrentius n'a conservé aucun souvenir de ces deux petits vieux médiocres et falots. Eux, en revanche, n'ont rien oublié de leur rencontre avec le peintre.

– Ce monsieur, insiste l'épouse en désignant Torrentius d'un index outragé et tremblant, nous a déclaré que notre Dieu était celui des prédicants. Qu'il en adorait, lui, un autre, bien plus puissant.

– C'est votre interprétation, madame, objecte Torrentius. Ce n'est certes pas ainsi que je me suis exprimé.

– Comment pouvez-vous en être sûr ? demande Velsaert. Vous étiez pris de boisson, vous l'avez reconnu vous-même !

– Au plus profond de l'ivresse, je conserve toujours une pensée claire.

– Vous notez, Ruyssler, vous notez ? exulte Velsaert qui a toujours craint que Torrentius n'ait l'idée de revendiquer son ébriété comme une éclipse de la raison, ce qui reviendrait à dire qu'il n'était pas responsable de ses propos au moment des faits. Expliquerez-vous alors à ce tribunal, poursuit le bailli, pourquoi vous avez parlé à madame Beerhovent de deux dieux, alors que Dieu est unique ?

– Je n'ai jamais parlé de deux dieux ! J'ai parlé de deux façons d'appréhender Dieu. Celle que nous impose les prédicants et une autre, moins étouffante, plus joyeuse…

Velsaert et le théologien échangent des regards entendus : cette fois, ils le tiennent leur hérétique, leur apostat.

– Pourriez-vous développer un peu cette dualité, monsieur van der Beeck ? demande Wijnants d'une voix flûtée.

La fumée du bûcher caresse déjà ses narines, un sourire étire ses lèvres pâles. Et Torrentius commet la grossière erreur de répondre honnêtement.

– Le Dieu que je vénère et que parfois je prie, déclare-t-il, est à l'origine et au cœur du vivant. Penser à lui me remplit de bonheur car sa création n'est que beauté, harmonie, fantaisie, inattendu. À l'opposé, quel est donc ce Dieu qui semble avoir pour seule préoccupation de juger ces hommes qu'il a créés, dit-on, à son image, de les menacer, de les châtier ? Ce Dieu que servent des gens tristes et compassés, vêtus de noir, incapables d'apprécier des merveilles comme le vin, la bonne chère ou la chair tout court ? Toutes choses que Dieu a imaginées pour notre plaisir et non pour que nous nous en détournions avec horreur et affectation ! Le péché, messieurs, n'est pas d'en user, ainsi que l'assurent les prédicants, mais de les ignorer ou pire, de les combattre.

La déclaration de Torrentius sème la consternation. Même Velsaert ne s'y attendait pas et son cœur est saisi d'effroi. À professer pareilles théories, le peintre court droit à la damnation éternelle, il est impératif qu'il abjure. Cramoisi, dressé sur ses ergots, Wijnants parle de blasphème, de panthéisme. Au bûcher l'artiste ! Le bailli supplie Torrentius de réfléchir, de retirer des propos qui ont sans doute dépassé sa pensée, de laisser aux professionnels les questions théologiques.

– Que diriez-vous, monsieur van der Beeck, si demain je m'essayais à peindre une nature morte ? Vous vous gausseriez sans aucun doute de ma maladresse et vous auriez raison. À chacun son métier. Contrairement à vous, nous avons longuement étudié la Bible, nous connaissons la vérité !

– Ce n'est pas la vérité, c'est votre vérité ! réplique Torrentius. Quant à la Bible, ce n'est pas le seul livre au monde. Il en est bien d'autres riches en enseignements…

Après avoir rougi, le théologien blêmit et Velsaert tempête :

– Je ne vous permets pas ! La Bible est la parole de Dieu !

Furieux, choqué, il suspend l'audience.

Sur ordre du bailli, on laisse l'accusé moisir seul quelques jours dans son cachot. On le met aussi à la diète : aux âmes égarées le jeûne est toujours profitable. De son côté, Velsaert met ce congé à profit pour bétonner son dossier, fignoler ses communiqués et prier Dieu de l'épauler. Il reçoit, de ce dernier, un appui inconditionnel. Wijnants consulté à titre d'expert confirme les nouveaux chefs d'accusation : hérétisme et paganisme.

Torrentius réapparaît au tribunal amaigri, pâli mais plus déterminé que jamais ; il refuse d'abjurer ses « déclarations hérétiques et païennes » en dépit des supplications de Velsaert résolu à lui épargner la damnation éternelle.

– Vous ne me facilitez pas les choses, monsieur van der Beeck, conclut le bailli à la fin de la journée. Je ne pensais pas vous infliger la question mais votre sotte obstination m'y contraint.

La décision de Velsaert ne fait pas l'unanimité. Les échevins sont d'accord pour reconnaître la culpabilité de Torrentius mais ils estiment que la saisie de ses biens au profit de la ville serait une punition suffisante. La question n'est plus guère appliquée que dans des affaires criminelles sordides qui impliquent, le plus souvent, des gens de peu. Qu'on l'apprécie ou non, Torrentius n'est pas le premier venu : ses relations et ses amis vont s'émouvoir, ce qui pourrait engendrer du désordre. Il faudrait aussi éviter d'en faire un martyr. Soutenu par Wijnants, pour lequel le fait que

Torrentius soit gaucher est un signe évident de perversité, d'inadaptation sociale, voire une marque diabolique, Velsaert maintient sa décision. Soit Torrentius abjurera sous la torture et purgera sa peine comme prévu, soit il s'y refusera et ce sera le bûcher.

Cornelisz tente une dernière fois de rallier des soutiens. Comme il ne semble plus être question des Rose-Croix dans ce procès, le prince Gustav, un peu rassuré, sollicite la clémence du tribunal et suggère un bannissement en guise de punition. Le Dr Lusitano pour sa part déplore qu'au dix-septième siècle on use encore de méthodes aussi barbares que la question, surtout s'agissant d'un artiste aussi brillant que M. Torrentius. D'autres protestent avec plus ou moins de conviction, dont le *stadhouder* en personne qui fait savoir aux autorités de Haarlem que ce Torrentius ne menaçant en rien la sécurité de l'État, il lui paraît inutile de s'acharner ainsi contre lui. Velsaert ne se laisse pas démonter. S'agissant de Dieu et de la Bible, ni le *stadhouder* ni ce médecin juif qui sort de nulle part, n'ont de leçons à lui donner. Il va de l'avant et convoque les bourreaux. En l'occurrence Roeland Buitenhuys & fils. Roeland est puissant, massif. Des yeux petits et très noirs dans un visage ingrat semé de touffes rousses inégalement réparties sur le crâne et la mâchoire ; l'homme souffre d'une forme de gale chronique. Son fils Piet, à l'inverse, est un grand flandrin acnéique amorphe, caricature d'une espèce en voie d'apparition dans le monde occidental : l'adolescent. Roeland est menuisier de profession, ses fonctions de bourreau occasionnel lui permettent d'arrondir agréablement ses revenus. C'est un artisan fiable et sérieux qui fait son boulot sans se poser de questions, c'est tout ce qu'on lui demande. Torrentius en le découvrant comprend que ce type sera imperméable aux menaces, aux promesses ou aux supplications. Le fils serait plus malléable, il obéit, hélas, servilement, dans l'espoir d'éviter les taloches dont son père est prodigue.

La question, version haarlemoise, ne comporte ni pinces, ni fouets, ni tenailles, ni brasero, on réprouve les effusions de sang, on se veut moderne, propre, efficace. On ne marque donc pas les prévenus au fer rouge, on ne les plonge pas non plus dans des tonneaux remplis d'eau saumâtre ou d'excréments jusqu'à suffocation, on se contente de les désarticuler à l'aide de deux ou trois dispositifs astucieux conçus pour augmenter graduellement la douleur. Le plus classique de ces supplices, encore en usage de nos jours dans nombre de dictatures – il est des techniques qui ne se démodent pas –, consiste à pendre le prisonnier les bras attachés et tordus dans le dos. Il suffit au bourreau de vérifier périodiquement que les liens ne risquent pas d'entraver la circulation du sang ou de cisailler les chairs, la gravité fait le reste. Autrement dit, et c'est la beauté de la chose, l'instrument de torture n'est autre que le corps du supplicié lui-même, dans une forme d'économie circulaire assez réjouissante. On interrompt la séance quand le malheureux s'évanouit, on recommence dès qu'il a repris quelques forces. Si l'on veut varier un peu, on peut placer les jambes du condamné dans des gouttières et exercer des pressions à l'aide de coins plus ou moins épais, au niveau des articulations du genou et des chevilles dont les cartilages finissent par exploser. L'opération réclame une certaine dextérité de la part du bourreau. Elle donne aussi de bons résultats.

À l'heure choisie pour la première séance de torture, ouverte au public, Velsaert, des trémolos dans la voix, supplie Torrentius d'abjurer, de reconnaître ses torts et d'adorer humblement le vrai, l'unique, le seul Dieu reconnu et labellisé, le sien. Dans le secret de son cœur, Wijnants espère que Torrentius ne va pas se déballonner à la dernière minute, ce qui le priverait du spectacle de sa souffrance méritée. Laquelle n'est rien en comparaison de ce qui l'attend en Enfer, tient-il à préciser.

Torrentius ferait preuve de bon sens en obéissant aux injonctions du bailli. Il s'épargnerait la torture et ses sympathisants parviendraient sans doute à obtenir sa libération à plus ou moins long terme. Il ne croit pas non plus à ses propres idées au point de souffrir et de mourir pour elles, c'est du moins ce qu'il a toujours affirmé à Cornelisz quand les deux amis évoquaient de possibles démêlés avec les autorités. Mais Torrentius est le contraire d'un homme de bon sens. Il est toujours allé à l'encontre des idées reçues, il se pense comme différent sinon comme supérieur à ses contemporains. C'est plus par fidélité à l'image rebelle qu'il aime donner de lui-même que par conviction qu'il choisit de se livrer au bourreau.

Roeland et son fils travaillent en souplesse, sans brutalité inutile. Seul le bruit d'une gifle administrée à titre pédagogique par le père rompt parfois le silence. S'ils faisaient preuve de hargne, ce serait presque plus humain, pense Torrentius qui commence à craindre que la douleur qui va en s'amplifiant ne lui fasse perdre sa raison et sa dignité. Il fait de son mieux pour perdre conscience, mais ça n'est pas si facile qu'on croit. Sa robuste constitution se retourne contre lui : ses fibres musculaires résistent tandis que ses nerfs envoient à son cerveau des messages affolés : « Il faut que ça cesse ! », mais ça ne cesse pas. Une souffrance continue le brûle, le déchire, l'enveloppe, telle la tunique de Nessus. Il finit par hurler, comme n'importe qui, et les connaisseurs échangent des regards entendus : il y a mis le temps mais nous y voilà, il va chanter aussi haut que les autres, vous verrez. Torrentius s'évanouit et Wijnants cache sa déception : le spectacle risque d'être plus court que prévu. Velsaert fait signe que l'on détache le supplicié, qu'on l'allonge. On verse entre ses lèvres un filet d'eau vinaigrée. Torrentius tousse et crache.

– Voyez-vous, mon ami, dit Velsaert d'un ton chargé d'une sincère sollicitude, il ne sert à rien de vous obstiner dans votre erreur. Abjurez ce Dieu absurde auquel vous croyez et vous ne souffrirez plus. Du moins plus dans ce monde.

Cornelisz encourage son ami à suivre le conseil du bailli. Prolonger la séance ne servirait à rien et pourrait avoir des conséquences fâcheuses sur ses articulations et sa santé en général. Torrentius suggère à Velsaert d'aller se faire mettre, en des termes d'une rare crudité. L'intéressé rougit, soupire, et signifie au bourreau que la journée n'est pas terminée. D'une paire de claques, Roeland réveille son fils qui avait profité de la pause pour s'assoupir. Les deux bourreaux crachent dans leurs paumes et refont les nœuds.

Pour supporter la douleur, Torrentius a essayé de se concentrer sur des moments heureux de son existence, sur des questions d'optique ou de géométrie mais la méthode se révèle peu efficace. Cracher à la figure de ce crétin sadique de Velsaert, l'insulter, lui a apporté un vrai soulagement. C'est désormais dans la colère qu'il va trouver l'antidote aux horreurs qu'on lui fait subir. De la souffrance qui le dévore, Torrentius constitue à mesure une pelote de haine qu'il dévide à l'intention de ses bourreaux. Ordre est donné de le bâillonner. Cornelisz s'insurge, dénonce une cruauté inutile. Le bourgmestre, qui s'est fait un devoir d'être présent au supplice, appuie l'apothicaire. Une polémique s'ensuit. Les deux bourreaux cessent de tirer sur les cordes, le jeune en profite pour piquer de nouveau un somme discret. Torrentius pend au plafond comme un jambon, pendulant doucement. Comme il n'est pas prévu de redescendre le condamné à la demande, il est contraint de se pisser dessus tandis que ces messieurs débattent.

À l'issue de cette première journée de supplice, Torrentius est habité par une rage si intense qu'elle lui ferait presque oublier la douleur. Cornelisz, qui enduit ses bras, ses épaules et son torse d'une pommade antalgique, tente vainement de combattre sa détermination.

– J'irai jusqu'au bout ! clame Torrentius.

– Jusqu'au bout de quoi ? Si ton cœur n'explose pas, tu sortiras de leurs mains brisé. Et infirme.

– Je refuse de céder à ces cons !

– Je vais m'exprimer comme un prédicant, Johannes, mais ton orgueil t'égare ! Tu te comportes comme un enfant capricieux et buté ! C'est ta vie qui est en jeu, tu n'as pas l'air d'en être conscient ?

Torrentius ne répond pas. Son regard est lointain, il semble avoir glissé dans une dimension où les humaines contingences n'ont plus vraiment cours. Cornelisz, pour sa part, n'aurait pas hésité à lécher les chausses du bailli pour s'épargner une telle épreuve. Mais Johannes a toujours été un être singulier, c'est une litote. Le bourgmestre, qui partage cette analyse, assure le bailli que Torrentius n'a pas toute sa raison, mais ce dernier demeure inflexible. Pas plus que Torrentius, Velsaert ne veut être taxé de faiblesse ou perdre la face. Le mécréant abjurera ou crèvera, c'est une question d'honneur, pour l'un comme pour l'autre.

Au troisième jour du supplice, Torrentius est une loque, incapable de tenir debout. On doit le porter dans sa cellule où il reste prostré, les yeux vagues, dodelinant et gémissant, rendu idiot par la souffrance. Il faut dire que, contrarié par sa résistance, Wijnants a eu la brillante idée d'ordonner à Roeland et à son fils de se pendre de tout leur poids à la taille de Torrentius afin de le mieux désarticuler. Côté Roeland père, la tête du fémur est à demi sortie de son logement, les tendons sont lésés, des cartilages endommagés. Torrentius ne marchera plus jamais sans le secours d'une canne. Les médecins que l'on a mandés pour vérifier si le condamné simulait ou s'il était réellement mal en point, ont déclaré à l'unisson qu'il fallait arrêter le supplice sous peine de voir crever M. van der Beeck avant l'heure. Une dizaine de jours seront nécessaires avant d'envisager de nouvelles séances de torture.

Cornelisz, bouleversé, ne retient plus ses larmes. Le bourgmestre est hors de lui et de nouveaux messages du *stadhouder*, du prince Gustav et de quelques artistes solidaires, au nombre desquels Franz Hals, implorent la clémence du tribunal. La réputation de Hals est à peine meilleure que celle de Torrentius, on le dit ivrogne et dissipateur, toujours à court d'argent, mais il peint, cette année-là, le banquet des officiers du Corps de Saint Adrien et ces messieurs, très satisfaits de son travail, le considèrent presque comme l'un des leurs; ils appuient sa requête. On raconte que Franz Hals, croisant Velsaert dans la rue lui aurait dit: « Monsieur prenez garde, si je suis amené un jour à faire votre portrait, je vous peindrai tel que vous êtes ». L'anecdote n'est pas certifiée.

Toujours est-il que Velsaert s'interroge: son acharnement ne risque-t-il pas, en fin de compte, de nuire à sa réputation et à sa carrière? Wijnants lui fait honte de sa pusillanimité: un vrai calviniste doit tracer droit son sillon, dans la direction que Dieu lui indique, sans se laisser distraire ou prêter l'oreille aux critiques. Velsaert n'ose pas répliquer que Dieu s'est fait moins audible ces derniers temps, que ses émoluments de bailli sont très inférieurs à ceux d'un professeur de l'université de Leyde, et que le poste de conseiller qu'il convoite lui permettrait d'améliorer le confort de sa maisonnée, ainsi que son épouse le lui répète à longueur de journée. Il lui vient alors, pour venir à bout de Torrentius, une idée d'une haute valeur symbolique et d'une rare perversité.

On se souvient que les œuvres du peintre ont été confisquées par le tribunal. Velsaert ordonne qu'elles soient entassées sur un lit de fagots dans la cour de l'hôtel de ville, ainsi que les diverses possessions du prévenu, son matériel de peinture, dont la *camera obscura*, ses beaux habits, ses curiosités, ses meubles et ses livres. Le gratin de Haarlem – l'expression est de circonstance –, est invité à assister à l'autodafé. Velsaert lit une proclamation dans laquelle il certifie que le dénommé Johannes van der Beeck, dit Torrentius, a été reconnu coupable par son tribunal de plusieurs chefs d'accusation : obscénité, blasphème, apostasie. Ce dernier point a fait l'objet d'interminables discussions avec Wijnants : les braves gens n'auraient pas compris qu'un homme convaincu de paganisme ou d'hérésie échappât au bûcher. Moins facile à définir, volontiers ignorée, l'apostasie passera mieux, a assuré le théologien. Il s'agit surtout, dans cette déclaration, d'arriver à faire oublier que ce salaud de Torrentius ne s'est pas effondré, ne s'est pas rétracté et que, même sous la torture, il n'a pas abjuré ses croyances ridicules. Heureusement pour Velsaert, le temps où l'on considérait qu'un homme capable de résister à pareils traitements avait fait la preuve de son innocence est révolu.

Le bailli n'a pas lésiné sur la mise en scène : en plus du bûcher, on a monté des gradins dans lesquels s'installent notables et bourgeois, tous un peu mal à l'aise. Deux employés municipaux ceints d'écharpes aux couleurs de la ville soulignent, à coups de trompe, les points forts de la proclamation. Comme Velsaert a retouché son texte jusqu'à la dernière minute, ils n'ont pas eu l'occasion de répéter et leurs interventions manquent parfois de la solennité requise, quand elles ne sont pas carrément inopinées, mais personne n'a envie de rire. Dans un puissant envol de manche, le bailli annonce l'arrivée de l'accusé. Soufflent les trompes. L'on voit apparaître deux appariteurs portant sur des coussins un Torrentius méconnaissable. Il a dû perdre une quinzaine de kilos, son teint est livide, ses joues creuses, ses cheveux ternes, d'énormes cernes marquent ses yeux d'où toute lumière est absente. Le tonitruant Torrentius n'est plus que l'ombre de lui-même. Un vieillard qu'un souffle réduirait en poussière. Ses deux porteurs le manipulent d'ailleurs comme s'il était de porcelaine. Ses amis sont catastrophés, ses ennemis soulagés : l'insupportable coq ne plastronnera plus. Roeland père & fils ont édifié le bûcher, ils sont également chargés d'y bouter le feu. Les fagots crépitent. Les pages des livres dansent les premières dans les flammes comme des damnés minuscules, un irrépressible sourire distend le visage de Wijnants. Brûlent les esquisses, les dessins, les carnets. Une vie d'étude et de travail. Les panneaux de chêne peints gonflent et se déforment, deviennent charbon. La *camera obscura* s'embrase d'un coup avant d'éclater. Sur les joues hérissées de barbe de Torrentius coulent les larmes. Contemplant la fumée grise qui, du brasier, monte droit vers le ciel, Velsaert, se persuade qu'elle flatte les narines de Dieu. Lorsqu'il ne reste, des possessions terrestres de Torrentius, que des cendres cotonneuses, le bailli confirme la condamnation de l'apostat à vingt années supplémentaires de réclusion. Wijnants prend congé de Velsaert ; son université réclame ses lumières, mais il passé à Haarlem de très bons moments, merci. Un procès instructif et bien mené dont il ne déplore que la conclusion : l'abominable Torrentius aurait dû rôtir avec ses biens.

L'autodafé a produit le résultat escompté : Torrentius est un homme brisé, au physique comme au moral. Cornelisz, qui lui apporte chaque jour des remèdes et du linge frais, est effaré par sa maigreur et plus encore par son apathie. Le flamboyant Torrentius s'est mué en un être fragile, larmoyant, geignard. Dans la lumière parcimonieuse du cachot, il semble même à Cornelisz que la barbe et les cheveux de son ami sont devenus blancs. On a vu des cas de dépigmentation identiques suite à des chocs psychologiques assure le médecin qui, à intervalles réguliers, vient examiner le supplicié et palper ses membres tordus.

– Je crains que monsieur van der Beeck ne soit en train de se laisser dépérir, confie-t-il à l'apothicaire. S'il ne souhaite plus vivre, nos soins sont inutiles, il mourra.

Cornelisz s'en émeut. Aussi, au lieu de compatir comme qu'il le fait depuis que son ami est emprisonné, il lance :

– Hâte-toi donc de mourir ! Ne perds pas de temps ! Tu ferais un tel plaisir à Velsaert et à sa clique !

Torrentius demande, après un temps.

– M'as-tu apporté du vin ?

– Tu sais bien qu'on me l'interdit.

– Alors je n'ai plus aucune raison de vivre…

– Et tes amis, Johannes ? Tu penses au chagrin que tu leur causeras ?

– Mes amis ! Ils se sont dispersés comme une volée de moineaux dès que le vent a tourné. Tu es le seul qui me reste, Jeronimus.

Le médecin parvient à convaincre Velsaert qu'employé à des fins thérapeutiques, le vin de Bourgogne possède des vertus insoupçonnées et le bailli se laisse fléchir. Torrentius remonte un peu la pente et Cornelisz le pousse à adresser une supplique à la

Cour Suprême au motif qu'il n'a pas eu droit à un avocat et que les témoignages en sa faveur ont été écartés ou ignorés. Plusieurs semaines passent avant que la réponse ne lui parvienne : « Nul et non avenu ». Il n'est pas absurde de voir la main de Wijnants derrière cette fin de non-recevoir.

Le bourgmestre plaide alors en faveur du transfert de Torrentius dans une geôle plus confortable où il aurait le loisir de peindre. Velsaert lui répond que le condamné, à ce jour, n'a manifesté aucune intention de se remettre au travail mais que ces facilités lui seraient accordées si jamais il en faisait la demande. Torrentius ne semble guère enclin à reprendre ses pinceaux. Il consacre désormais le peu d'énergie dont il dispose à rédiger un minutieux mémoire de son procès dont il souligne, d'une plume rageuse, les scandaleuses irrégularités. Les pages s'accumulent couvertes, jusque dans les marges, d'une écriture dense, crispée, qui évoque le grouillement d'une fourmilière. Le teint grisâtre de Torrentius, ses yeux brûlant d'une flamme sombre, sa barbe hirsute, le peu de soin qu'il accorde désormais à sa personne et sa graphomanie inquiètent Cornelisz ; il redoute que la raison de son ami ne soit en train de sombrer pour de bon.

Une lettre de sir Dudley Carleton va cependant infléchir le cours des choses. Informé par Brigby de la disgrâce et de la condamnation de Torrentius, le diplomate déplore que l'artiste ait été empêché de travailler au tableau qui lui avait été commandé par Sa Majesté le Roi d'Angleterre, laquelle, affirme-t-il, est fort mécontente. Sir Dudley Carleton laisse entendre que les relations de l'Angleterre et des Provinces-Unies pourraient être ternies par cette affaire. Averti du contenu de cette lettre par Ruyssler qui espionne pour son compte, le *stadhouder* écrit au bailli : « Il n'est pas question, monsieur, de remettre en cause votre autorité morale, non plus que la pertinence de votre jugement. Je m'étonne, toutefois, que Torrentius soit traité à l'instar d'un vulgaire criminel. Sans chercher à minimiser l'ampleur de ses fautes, ne pourrait-il bénéficier, sinon d'un traitement de faveur, du moins d'une forme d'allégement de ses conditions de détention ? » Sous peine de griller sa taupe, le *stadhouder* ne peut dire clairement qu'il souhaiterait voir le peintre honorer la commande passée par le roi d'Angleterre. Il va donc faire passer le message par Franz Hals qui a réuni un comité de soutien constitué pour l'essentiel des officiers du Corps de Saint Adrien. Les artistes sollicités par Hals se sont en effet montrés peu solidaires. La concurrence est si féroce que beaucoup n'ont pas caché leur joie en apprenant que Torrentius était hors circuit.

Hals demande donc à rencontrer le prisonnier afin de s'assurer qu'il est correctement traité. Velsaert est souverainement agacé de l'intérêt que Torrentius parvient encore à susciter, mais il ne gagnerait rien à se mettre à dos ces messieurs du comité de soutien, aussi autorise-t-il la petite délégation à visiter la prison. Torrentius occupe alors, au deuxième étage d'une tour ventrue, une cellule éclairée par une fenêtre d'où l'on découvre, à travers de forts barreaux, une partie de la ville. Il y dispose d'un lit, d'une table et d'un tabouret. Un coffre contient quelques effets. Le peintre reçoit ses visiteurs drapé dans une épaisse couverture, un bonnet de matelot enfoncé sur la tête ; depuis qu'il a subi la question, explique-t-il, il est très sensible au froid et souffre alternativement de crampes, d'irritations, de démangeaisons contre lesquelles les remèdes de Cornelisz demeurent impuissants. Il se déplace à l'aide de deux béquilles qu'il cale sous ses aisselles ; sa jambe droite est inerte. Pour qui l'a vu arpenter la ville vêtu comme un prince, la démarche conquérante, cela fait peine à voir. Sa cage thoracique a été à demi enfoncée lors d'une ultime séance de torture, il respire avec difficulté.

– Mon pauvre, pauvre ami ! s'exclame Hals, bouleversé, en le serrant dans ses bras.

Torrentius laisse échapper un cri de douleur. Hals s'excuse et s'écarte d'autant plus volontiers que Torrentius sent plutôt mauvais. Lui serait-il agréable d'avoir de quoi peindre ? On pourrait lui procurer un chevalet, et tout le matériel nécessaire à l'exception d'une *camera obscura* dont le bailli, dans son ignorance, redoute qu'elle ne puisse contribuer à une évasion. Torrentius reste si longtemps silencieux que ses visiteurs se demandent si le supplice n'a pas affecté son ouïe ; à moins qu'il ne l'ait rendu idiot.

– Messieurs, déclare-t-il d'une voix rauque et altérée où l'on peine à reconnaître le timbre éclatant qui était le sien jusqu'au procès, je vous sais gré de votre attention et de vos bontés…

Torrentius désigne alors les feuillets noircis, la plume et l'encrier :

– Mais ainsi que vous le voyez, je suis fort occupé en ce moment et n'ai point le loisir de peindre.

– Écrivez-vous monsieur un traité sur l'art et la manière de composer des natures mortes ? s'enquiert l'un des officiers

– J'écris, monsieur, sur l'art et la manière dont certains hommes s'estiment investis par Dieu du pouvoir de juger, de tourmenter et de punir ceux qui ne partagent pas leurs convictions. J'écris, monsieur, sur l'art et la manière dont ces mêmes hommes s'acharnent à détruire, à étouffer ou à museler ce qui dépasse les étroites limites de leur compréhension. Ceux qui m'ont condamné, messieurs, ne craignent rien tant que la vie, ses débordements, ses jaillissements et ses couleurs ! Aussi vont-ils la tête basse et le teint bilieux, tristement habillés de noir, rongés par l'envie et la frustration. Savez-vous pourquoi ils me détestent ? Parce que j'ai tout ce qu'ils n'auront jamais : du panache, du talent et toutes les femmes que je puis désirer !

Pour masquer leur gêne, les officiers s'agitent, toussotent, tripotent la frange des écharpes de soie bleue qui ceignent leur torse. En se rendant à la prison, ces messieurs pensaient faire œuvre de charité, non subir un discours militant. Hals sait par expérience qu'une fois lancé, il est difficile d'arrêter Torrentius qui enchaîne :

– J'ai donc entrepris à mon tour de faire le procès du procès que l'on m'a intenté. La question m'a rendu infirme, elle n'a pas affecté ma mémoire. Tout est là, messieurs ! dit-il en frappant de l'index son vaste front. Dans les moindre détails ! Le bailli a cru me briser, il n'a fait qu'attiser ma colère. Ce mémoire, j'ai l'intention de le transmettre à tous les souverains d'Europe. Il se trouvera bien quelque part un monarque un tant soit peu éclairé pour m'offrir à sa cour la place que je mérite…

– Si possible un monarque amateur de gravures cochonnes ! glisse l'un des officiers à l'oreille de son voisin.

Derrière leurs gants, ces messieurs pouffent. Torrentius se tait et se laisse choir sur son lit. Ce discours véhément l'a épuisé. Se souvenant que le malheureux a passé de longues heures pendu par les bras, Hals se retient de lui claquer l'épaule en camarade au moment de prendre congé.

– Si je peux te procurer le moindre soulagement, déclare-t-il, n'hésite pas à me le faire savoir.

– Une jolie putain serait plus apte que toi à me soulager, mon cher Franz ! Mais je doute fort que le bailli m'autorise de telles visites. De toutes façons, je ne bande plus.

Une fois dehors, les officiers s'accordent pour dire que le récit compulsif que Torrentius a entrepris de rédiger ainsi que son acharnement à démontrer qu'il est victime de la jalousie des prédicants prouvent que, s'il n'a pas complètement perdu la boule, il est tout de même pas mal dérangé. Hals n'est pas d'accord. Torrentius s'est toujours donné sans réserve à toutes ses passions ; combattre l'arbitraire et faire entendre sa voix, lui ressemble. Velsaert semble partager l'avis de Hals puisqu'un soir deux hommes, le visage masqué par des cagoules, font irruption dans la cellule. Tandis que l'un ceinture Torrentius, trop faible pour se débattre, l'autre fait main basse sur le manuscrit.

Ce dernier coup aurait pu achever Torrentius et précipiter sa fin, si le roi d'Angleterre en personne n'avait pris la plume pour demander au *stadhouder* d'intercéder. « Je ne puis concevoir, a écrit le souverain sous la dictée de sir Dudley Carleton, qu'un peintre aussi exceptionnel que M. Torrentius soit destiné à pourrir dans un cachot pour le restant de ses jours. Certes, il a pu mal user du talent que Dieu lui a donné, mais le priver de l'exercer est, à nos yeux, aller contre la volonté divine. Aussi nous proposons-nous de prendre M. Torrentius sous notre royale protection. Il sera logé dans l'un de nos palais et encouragé à produire les œuvres que nous apprécions tant. Nous ne doutons point que cela lui permette de s'amender. Nous assurerons jusqu'en Angleterre le transport de sa personne ainsi que celui de ses biens. Nous avons chargé l'honorable M. Brigby d'organiser ce voyage et nous ne doutons point que vous aurez à cœur de faciliter toutes ses démarches. On ne parlera plus, désormais, de Torrentius que pour louer la qualité de ses tableaux. »

Comminatoire à sa façon, la missive du roi place le *stadhouder* dans une position délicate car il est hors de question de remettre en cause les accords passés avec la couronne d'Angleterre ; son appui lui est indispensable dans la guerre contre l'Espagne. D'un autre côté, bafouer l'autorité morale et juridique de Velsaert risque de lui mettre à dos l'ensemble des prédicants – ce qui serait catastrophique sur le plan de la politique intérieure. Le *stadhouder* caresse un instant l'idée de se débarrasser du bailli en le faisant jeter nuitamment dans un canal par des sicaires, mais il répugne à de telles méthodes. Il convoque Velsaert pour un entretien nocturne et confidentiel.

– Monsieur le bailli, dit-il, voici le dilemme qui perturbe mon sommeil. Le roi d'Angleterre, ainsi que vous le savez sans doute, soutient les Provinces-Unies dans leur lutte contre l'Espagne. Un soutien rendu plus nécessaire encore depuis la chute de Breda. Il nous faut contenir à tout prix les Espagnols que leur victoire a rendus plus offensifs que jamais.

– Avec l'aide de Dieu, cela sera, monsieur…

– Certes. Mais nous avons aussi besoin de canons, de poudre, de mousquets, autant d'articles que nous achetons aux Anglais à un prix très avantageux.

– Assurément, commente Velsaert qui ne voit guère pourquoi le *stadhouder* lui raconte ça, à moins qu'il n'ait décidé de lui confier le poste de ministre de la guerre ce qui paraît improbable.

– Or voyez-vous, poursuit le *stadhouder*, il se trouve que Sa Majesté Charles Ier s'est prise d'une sorte de… de toquade, je ne trouve pas d'autre mot, pour ce peintre que votre tribunal a récemment condamné.

– Vous voulez parler de Torrentius ?

– Celui-là même. Le roi d'Angleterre est sujet à des lubies, à des caprices qu'il faut se garder de contrarier sous peine de représailles, poursuit le *stadhouder*. Ainsi, croyez-le ou non, s'est-il mis en tête d'inviter Torrentius à sa cour !

Velsaert se fait répéter l'information tant elle lui paraît invraisemblable. Qu'est-ce qu'ils ont tous à s'emballer pour ce libertin dégénéré ? Ce ne sont pas les peintres qui manquent dans les Provinces-Unies ? Un de plus, un de moins, franchement. Il déclare d'un ton grave :

– Sa Majesté le roi ignore sans doute que Torrentius a été condamné deux fois à vingt années de réclusion. Une peine clémente de l'avis général…

– Le roi est au courant de tout et ne conteste pas votre jugement. Mais de son point de vue, Torrentius serait mieux employé à peindre en Angleterre qu'à s'étioler à la prison de Haarlem.

– Permettez-moi de ne pas être d'accord.

– Je vous le permets, monsieur le bailli. Mais pour les raisons que j'ai mentionnées auparavant, il nous faut en tenir compte. Notre petit pays ne peut s'offrir le luxe d'une brouille avec un voisin aussi puissant et aussi bien disposé à notre égard que l'Angleterre.

Par petites touches, le *stadhouder* amène Velsaert à l'idée que, s'agissant de la survie d'une jeune nation, la raison d'État est amenée à prendre le pas sur la morale calviniste. Ruyssler lui a fait savoir que l'épouse du bailli convoitait un poste de conseiller pour son mari, le *stadhouder* a su en faire son miel. Il glisse, mine de rien, quelques allusions qui font mouche. Selon un plan soigneusement établi auparavant, un huissier vient alors interrompre l'entretien : on réclame son Excellence d'urgence pour des questions militaires de la plus haute importance. Velsaert est prié de patienter. Il en profite pour se ménager un aparté avec Dieu, lequel lui conseille, une fois n'est pas coutume, de déroger un tantinet à ses principes pour assurer la paix de son ménage : ne plus entendre récriminer sa femme lui gagnera une précieuse tranquillité d'esprit. Lorsque le *stadhouder* revient dans la pièce, le bailli lui fait savoir qu'il a prié, réfléchi, et qu'il consent à abandonner Torrentius au roi d'Angleterre. Sous certaines conditions.

– Lesquelles ? s'enquiert le *stadhouder* en s'efforçant de dissimuler son irritation devant l'aplomb de ce petit bailli.

– Il faudra simuler une évasion.

– Pardon ?

– Si l'on apprenait que j'ai délibérément accepté que M. van der Beeck quittât sa prison en homme libre pour aller vivre à la cour du roi d'Angleterre, je passerais pour un faible, pour un naïf, ou pire encore, on me soupçonnerait de m'être laissé corrompre. Ce qui est, vous en conviendrez, inacceptable. Il en va de ma réputation et de mon honneur. Il faut donc que Torrentius s'évade.

– En est-il physiquement capable ? demande le *stadhouder*. On m'a rapporté que la question l'avait laissé handicapé…

– Il n'est pas aussi mal en point qu'on veut bien le raconter. Mais nous lui inventerons des complices que nous arrêterons et condamnerons ensuite, pour l'exemple.

Cet homme a devant lui un bel avenir politique, songe le *stadhouder*, il ira loin. Il ne l'en déteste que plus cordialement et cède à ses exigences.

– Par ailleurs, conclut le bailli, j'attire votre attention sur le fait que si jamais M. van der Beeck avait l'impudence de remettre le pied sur le sol de sa patrie, il serait arrêté et pendu, sans délai.

Brigby commence par protester : il est négociant, expert en œuvres d'art, certes, mais pas aventurier. Il doit bien exister des professionnels de l'exfiltration dans les services spéciaux, non ? Pourquoi lui demande-t-on ça, à lui ?

– Parce que c'est une mission délicate qui ne peut pas être confiée au premier soudard venu. De plus, vous connaissez Torrentius et son ami Cornelisz, ils vous feront confiance, répond sir Dudley Carleton.

Connaissant Torrentius, Brigby s'attend, en effet, à tous les emmerdements possibles. Toutefois, l'ordre venant de Sa Majesté soi-même, il n'y a pas à barguigner. Et puis, Brigby caresse le secret espoir d'être un jour anobli. Il embarque donc pour les Provinces-Unies, une bourse bien garnie à la ceinture, pour rétribuer les intermédiaires et acheter d'éventuelles complicités.

Brigby abhorre le cauteleux Velsaert au premier regard et le déteste plus encore après avoir rendu visite au prisonnier en qui il peine à reconnaître l'exubérant Torrentius rencontré près d'un an plus tôt. Comment peut-on avilir ainsi un autre être humain, le diminuer, l'humilier ? Brigby soupçonne, derrière les justifications juridiques et théologiques du bailli, une jouissance perverse.

Lorsque Torrentius comprend que Brigby est venu mettre un terme au cauchemar qu'il vit depuis des mois, il pleure dans ses bras sans retenue. Plus ému qu'il ne le voudrait l'Anglais se concentre sur les considérations pratiques : Torrentius aura-t-il assez de forces pour descendre deux étages, pour marcher ? Supportera-t-il la traversée jusqu'aux côtes anglaises ? À ces questions, Cornelisz apporte des réponses chimiques en composant une potion stimulante, une autre antalgique. On ne peut rendre ses jambes au supplicié, alors on va rétribuer un solide gaillard qui le portera sur son dos, de sa cellule jusqu'au bas des marches, où on le chargera dans la carriole bâchée que Brigby conduira lui-même sur deux lieues de distance, jusqu'à Ijmuiden. Là, les attendra le cotre qui les mènera en Angleterre. Le plan doit être validé par le bailli qui insiste pour que l'opération se déroule au plus noir de la nuit. Pour une question de crédibilité, Cornelisz devra forcer la serrure du cachot après avoir fait absorber au gardien un vin si chargé en teinture d'opium qu'il ronflera jusqu'au lendemain. Velsaert se réserve d'arrêter vingt-quatre heures plus tard, pour complicité d'évasion, le portefaix et l'apothicaire qu'il s'est pris à détester presque autant que Torrentius, mais Cornelisz a senti venir le coup fourré. Lorsque les arquebusiers investissent sa boutique à grand fracas, il est déjà à Amsterdam où il embarquera à bord du *Batavia* pour un voyage sans retour. Mais ceci est une autre histoire.

Cornelisz se rend au Faucon doré où il choisit, dans un échantillonnage d'hercules, celui qui servira de monture à Torrentius. Jan est roux, large comme un beffroi, et possède juste assez de cervelle pour mettre un pied devant l'autre. Il accomplit sa tâche sans efforts, sans poser de questions, et disparaît dans la nuit sitôt qu'on lui a versé ses gages. Cornelisz embrasse une dernière fois son ami assommé par les drogues et s'évapore à son tour.

Il tombe une pluie soutenue ce soir-là. Peu habitué à conduire un attelage, trompé par l'obscurité, Brigby s'égare dans les chemins fangeux de cette contrée dépourvue du moindre relief. Les deux lieues escomptées s'étirent démesurément, il comprend mieux pourquoi on dit : « jurer comme un charretier ». Ballotté à l'arrière de la carriole, chaque cahot lui arrachant des cris de souffrance, Torrentius vit un nouveau supplice. Un jour humide et blafard finit par se lever ; Brigby constate qu'il est perdu pour de bon. Abruti par l'antalgique dont il a vidé la fiole, Torrentius frissonne et somnole sous une méchante couverture. Une silhouette surgit de la brume : un homme barbu, haillonneux auquel Brigby demande la direction d'Ijmuiden. L'autre le contemple en silence d'un air idiot. Une pièce d'argent glissée dans sa paume crasseuse lui rend la parole. Il pointe une direction en baragouinant quelque chose dans le dialecte local. La carriole repart.

Le cotre n'est pas au rendez-vous. Gageant que l'opération secrète a mal tourné et impatient de regagner son port d'attache avant la tempête qui menace, son capitaine a levé l'ancre. Brigby, consterné, écume les estaminets à la recherche d'une autre embarcation, craignant d'être dévalisé s'il montre son or pour être plus convaincant. La réponse est inévitablement la même : « Une fois le grain passé, m'sieur, on avisera. » Comment des marins aussi couards peuvent-ils être devenus les maîtres du commerce mondial ? se demande Brigby non sans mauvaise foi. Qui a envie d'affronter des creux de plus de sept mètres quand on peut rester à l'abri et au chaud ? Un homme finit par accepter après un patient marchandage, un type basané avec un anneau d'or à l'oreille et une cicatrice en travers du visage, une caricature de pirate qui les jettera sans doute par dessus bord après les avoir dépouillés, mais Velsaert ne leur a accordé que vingt-quatre heures, le temps presse. Torrentius est dans un état déplorable. Que va dire le roi s'il ne survit pas au voyage ? Brigby a un mouvement de recul en découvrant le bateau, un ketch aux voiles rafistolées, à peine plus grand qu'une barque de pêche. On peine à installer Torrentius dans le rouf, un espace sombre et graisseux où il occupe presque toute la place. Brigby se tasse tant bien que mal à ses côtés et, d'une secousse, on s'arrache au quai. Le ketch suit d'abord une manière de chenal fouetté par la pluie sur lequel il danse comme un bouchon. Torrentius gémit sans discontinuer, la potion de Cornelisz a fait long feu. Lorsque l'on commence à s'éloigner de la côte, Brigby comprend pourquoi personne à Ijmuiden n'a voulu prendre la mer. Les Erinyes s'en donnent à cœur joie, le ketch malmené grince et craque, donnant l'impression qu'il va se disloquer d'un instant à l'autre. Quelque chose frappe durement la coque. Certain qu'ils courent à leur perte, Brigby envie l'indifférence opiacée de Torrentius et se demande, un peu tard, si le pirate agrippé à sa barre, ne serait pas du genre suicidaire. Torrentius a cessé de se plaindre, il repose immobile sur la couchette, peut-être déjà mort. Brigby n'a pas le courage de s'en assurer : assourdi par les hurlements du vent, trempé par les paquets de mer et d'écume qui s'abattent à intervalles réguliers sans épargner le rouf, il vomit avec constance. Après quelques heures, ou quelque jours – la traversée lui a fait perdre toute notion du temps –, Brigby constate que la tempête a perdu de son intensité. Propulsé par son seul foc, le ketch file droit, on distingue à l'horizon la ligne claire d'une plage. Si le marin connaît son affaire et que des vents facétieux ne les ont pas ramenés à leur point de départ, ce doit être l'Angleterre.

Le pirate débarque ses passagers ; il refuse d'aider Brigby à transporter un Torrentius inconscient jusqu'au chemin côtier où il serait à l'abri de la marée montante, estimant ne pas être payé pour ça. « Foutus putain de Hollandais de mes deux ! Peuple de rats ! » peste Brigby tandis que le passeur reprend la mer, plus riche d'une grosse poignée de florins. Brigby attrape Torrentius sous les aisselles et le tire sur une centaine de mètres laissant dans le sable une brève ornière que les vagues effacent. Le visage livide, la barbe encroûtée de vomissures, Torrentius respire à peine et dégage une odeur pestilentielle. Brigby l'abandonne tel quel sous l'averse pour aller chercher de l'aide.

La chambre est basse de plafond, un feu de tourbe y dispense une agréable chaleur. Torrentius repose désormais dans un lit moelleux. Il ne respire guère plus qu'avant mais il respire. « C'est un solide gaillard. Il devrait s'en sortir. » a déclaré M. Barnfield, le médecin local convoqué par Brigby. Les deux fortes servantes qui ont déshabillé, lavé, et frictionné le naufragé à l'alcool selon ses instructions, partagent son avis.

Dans la salle à manger de l'auberge, Brigby se restaure d'un pâté de viande qu'il arrose d'une bière sombre, couleur brou de noix. Le fait d'avoir regagné sa terre natale et d'être encore envie le remplit d'aise. Sans parler de la détermination et du courage dont il a fait preuve dans l'accomplissement de cette mission confidentielle au service de Sa Majesté. Je suis un héros qui s'ignorait, songe-t-il, content de lui.

– Dites-moi, demande le médecin en tirant sur sa bouffarde, votre bonhomme, là-haut ? Est-ce un soldat ?

– Aucunement. C'est un peintre.

– Qu'est-ce qui lui a mis les jambes dans cet état ? Il a dégringolé d'un échafaudage ?

– Il a eu des divergences de vues avec le clergé.

– Plaît-il ?

– On l'a torturé.

– Les Espingouins, évidemment ?

– Non, les prédicants de Haarlem, figurez-vous.

– Vous voulez que je vous dise, grogne le médecin en pointant le tuyau de sa pipe vers l'est, vers les Provinces-Unies. Ces foutus calvinistes, ils ne valent pas mieux que les autres, en fin de compte !

M.Barnfield rend à Torrentius des visites quotidiennes. Il s'assied à son chevet et fume en silence. Après quoi, il descend boire une pinte de *brown ale* aux frais de Brigby qui s'étonne : Quoi ? Pas de potions, pas saignées, pas de sangsues ? Ne serait-il pas prudent de consulter un confrère, un de ces médecins londoniens que l'on dit spécialistes ?

– Spécialistes de quoi ? Des naufragés ? Des Hollandais ? Des victimes de la sainte inquisition ?

Brigby est piqué au vif par l'ironie du médecin.

– La vie de cet homme est précieuse à Sa Majesté pour des raisons que je ne puis vous dévoiler, répond-il pour se donner de l'importance. Deux diagnostics valent mieux qu'un.

– Eh bien, répond M.Barnfield sans paraître impressionné, soit votre médecin londonien est compétent et il dira comme moi : « Cette homme a traversé de rudes épreuves, mais sa constitution est solide, avec un régime approprié, il recouvrera ses forces », soit, ce qui est plus probable, c'est un charlatan qui vous proposera aussitôt d'expérimenter telle ou telle remède de sa composition, tel ou tel traitement aberrant qui rappellera au malheureux les tortures qu'il a endurées. Avec ce premier médecin, votre mystérieux Hollandais a encore de belles années devant lui, avec le second, ses jours sont comptés. Lequel des deux allez-vous croire ? Le second, évidemment. Et savez-vous pourquoi ? Parce qu'il vous réclamera des honoraires astronomiques. Si c'est aussi cher, penserez-vous, cela ne peut être qu'efficace.

Brigby observe que bêtes et gens paraissent se portent plutôt bien dans ce coin reculé du Norfolk. Or il a appris que M.Barnfield soignait indifféremment les uns et les autres. Il décide donc de lui faire confiance. De fait, l'état de Torrentius s'améliore progressivement. Des bouillons des premiers jours, on est passé à des nourritures plus solides, arrosées d'un doigt de bière forte, et les deux infirmières ne se relaient plus, désormais, au chevet du malade mais dans son lit. Une fois certain que Torrentius survivra, Brigby se rend à Londres pour faire son rapport. Sir Dudley

Carleton le félicite. Sa Majesté a d'autres chats à fouetter pour le moment, mais elle se réjouira d'apprendre que Torrentius est sain et sauf sur le sol anglais.

– Quand pensez-vous qu'il pourra se mettre au travail ? demande-t-il.

– Laissez-lui le temps de récupérer. Cet homme a vécu un calvaire.

– Oui, vous avez raison, Brigby. Procurez-lui tout ce dont il aura besoin. Ne regardez pas à la dépense !

– C'est que…

– Quoi ?

– Torrentius ne partage pas le sens de l'économie de ses compatriotes. Il aime vivre dans un luxe quelque peu ostentatoire.

– À vrai dire, je pensais au matériel qui lui est nécessaire pour peindre, reprend sir Dudley Carleton. Pour le reste, je vous laisse juge. Faites au mieux. Ses œuvres, quoi qu'il en soit, resteront propriété de la couronne, ce qui devrait amplement nous rembourser de notre investissement, vous ne croyez pas ?

Brigby quitte le palais, un peu dépité d'être relégué au rang de simple chaperon après avoir été agent secret. Dans le Norfolk, il a la surprise de retrouver un Torrentius debout, capable de marcher en s'aidant d'une seule canne.

– Quand partons-nous ? demande ce dernier. Quand vais-je rencontrer le roi ?

– On ne rencontre point le roi aussi facilement, répond Brigby en riant, mais vous lui serez présenté, je vous le promets. D'où vient cette soudaine impatience ?

– Il me tarde de découvrir Londres, assure Torrentius. Et de me mettre au travail.

Brigby le félicite de ces excellentes dispositions avant de

découvrir que les motivations de Torrentius sont plus triviales : l'une des deux servantes est enceinte, l'aubergiste réclame un dédommagement et menace de le foutre à la porte.

– Vous n'auriez pas pu vous abstenir ? explose Brigby.

– Ils m'ont privé de mes jambes, monsieur, répond dignement Torrentius. Ma queue, c'est tout ce qu'il me reste.

Brigby négocie un accord acceptable avec l'aubergiste. M. Barnfield se chargera de placer le bâtard une fois qu'il aura vu le jour.

– Vous qui vous plaisez à répéter que la nature est bien faite et qu'il faut s'en remettre à elle ! lance Brigby au médecin d'un ton chargé d'amertume.

– En quoi la nature vous a-t-elle déçu ?

– Pour ce que j'en sais, Torrentius a semé des bâtards dans tout Haarlem. Il suffit que cet homme approche une fille pour qu'elle tombe enceinte. J'appelle cela une malédiction !

– Du point de vue de la nature, c'est au contraire une bénédiction. Toutes les espèces tendent à se reproduire, la nôtre en particulier. « Croissez et multipliez », préconisent les Écritures.

– Il n'empêche que bien souvent, les femmes se passeraient d'enfanter.

– Certainement. C'est pourquoi Dieu leur a infligé le fardeau de la grossesse.

– Que voulez-vous dire ?

– Réfléchissez : si les femmes pouvaient décider, à leur gré, de porter ou non des enfants, elles deviendraient d'une certaine manière, nos égales.

– En quelque sorte.

– On les verrait alors partout, se mêlant de tout, certaines se mettraient sans doute en tête de commander et si, par extraordinaire, elles se révélaient meilleures que nous, imaginez-vous quel enfer deviendrait notre existence ?

Brigby frémit à cette perspective. Le Dr Barnfield tire sur sa pipe à plusieurs reprises avant d'ajouter :

– Qu'adviendrait-il de nos prérogatives ? De nos privilèges ? Je vous le demande.

– Ce que vous dites tendrait à prouver que Dieu est de sexe masculin…

– J'ignore si Dieu a un sexe, mais considérez ceci, monsieur : si, au lieu de son fils, Dieu avait envoyé sa fille sur terre pour racheter nos péchés et qu'elle fût tombée enceinte ! Hein ? Vous imaginez ?

À Haarlem, le Dr Barnfield eût été pendu derechef pour un tel blasphème. Dans le Norfolk, on est heureusement plus détendus.

Le lendemain, Brigby et Torrentius prennent la route de Londres. Brigby déniche à Islington un premier étage assez vaste pour servir de logement et d'atelier.

– C'est un peu morne, constate Torrentius en observant la petite place pavée de briques sur laquelle donnent ses fenêtres.

– Vous irez à Londres le dimanche.

Brigby n'ose pas lui dire que sir Dudley Carleton, connaissant le penchant de Torrentius pour la boisson et les femmes légères, a insisté pour qu'il soit logé à l'extérieur de la ville. Dans l'esprit du diplomate, le peintre, éloigné de la tentation, devrait se consacrer à son art et seulement à son art. Hypothèse erronée comme on le verra.

– Vous allez peindre des chefs d'œuvre ici, j'en suis certain ! déclare Brigby avec un entrain un peu forcé.

Torrentius ne répond pas. Le front contre la vitre, il paraît perdu dans ses pensées.

– Vous allez me faire une liste précise de ce qui vous est nécessaire pour travailler et nous irons faire les courses ensemble, reprend Brigby. Qu'en dites-vous ? Ainsi vous découvrirez la ville et ses habitants…

Torrentius ne manifeste pas l'enthousiasme que Brigby espérait. À l'inverse, son humeur, déjà morose, s'assombrit d'un cran.

– Eh bien ? Quoi ? Cela ne vous tente pas ?

– Je ne saurais aller à Londres habillé comme je le suis.

Le fait est que Torrentius, affublé des vêtements qu'on lui a donnés une fois qu'il a été capable de tenir debout, ressemble plus à un bouseux du Norfolk qu'à un peintre de cour. Bribgy en convient et le conduit chez son tailleur. Sous ses yeux, Torrentius se métamorphose, palpant les étoffes, les mélangeant, les superposant, osant d'audacieux rapprochements de matières et de couleurs, il est soudain à son affaire, l'œil vif, le geste précis, l'intention claire.

– Monsieur est connaisseur, admet le tailleur, ce qui, dans la bouche d'un Anglais, est un compliment appuyé.

Après avoir passé commande de quelques habits, Torrentius, requinqué, insiste pour passer chez le bottier, puis chez le chapelier, le gantier, le parfumeur et enfin chez un bijoutier auquel il se plaint que ses compatriotes lui ont dérobé des pierres inestimables. Il en choisit de nouvelles : des rubis, une tourmaline d'un rose soutenu, une aigue-marine qui fera un magnifique pendentif. Agrémentant ses explications de croquis, il précise de quelle manière les gemmes devront être serties, commande en outre deux épaisses chaînes d'or et une perle d'un orient admirable qu'il portera à l'oreille. À Brigby qui s'alarme de ces dépenses,

Torrentius objecte que le peintre favori du roi ne doit pas avoir l'air d'un gueux.

– Doit-il ressembler à un mignon pour autant ? ronchonne Brigby.

– Vous êtes donc l'un des ces artistes invités par le roi ? s'enquiert le bijoutier qui a surpris leur échange.

– Comment ? Je ne suis pas le seul ? s'émeut Torrentius.

Il apprend ainsi que Charles Ier ne se contente pas de collectionner les œuvres d'art, il collectionne aussi les artistes ; ainsi Daniel Mytens, un flamand, devenu portraitiste officiel de la cour par la grâce de son talent, ou Orazio Gentilsechi, récemment chargé de réaliser des fresques dans le palais de Greenwich.

Dans le carrosse qui les ramène à Islington, Torrentius s'abîme dans ses pensées et Brigby dans de sombres calculs : pour rembourser les sommes conséquentes que l'on vient de débourser en son nom, Torrentius devra peindre une vingtaine de chefs d'œuvre, un peu moins si l'on parvient à faire grimper sa cote. Après cette journée de folles dépenses, Brigby trouve presque apaisantes les factures que lui présentent, les jours suivants, marchands de bois, de couleurs, et apothicaires. L'appartement d'Islington commence à ressembler à un atelier. Il n'y manque que la presse taille-douce qu'un menuisier local s'est engagé à construire selon les indications de Torrentius, ainsi que la *camera obscura* dont personne à Londres ne semble connaître l'usage. Le lunettier consulté a ouvert des yeux ronds, jamais il n'avait entendu parler d'un tel dispositif, mais avec les explications du peintre et la contribution du menuisier, on devrait parvenir à en fabriquer une tout à fait correcte.

– À quoi sert-elle donc, votre machine ? s'est étonné le lunettier.

– Est-ce que je vous demande avec quel abrasif vous polissez vos lentilles ? a répondu Torrentius en lissant sa barbe, taillée désormais à la mode royale. Chacun ses secrets, mon ami !

Campé devant un miroir en pied, Torrentius s'admire. Son chapeau lui sied, il s'enchante des manches à crevé de son pourpoint, zinzolin et vert de pré, ainsi que de la forme inédite de ses bottes du cuir le plus fin dont les genouillères, c'est une nouveauté, sont agrémentées de canons de baptiste du meilleur effet. L'aigue-marine sur sa poitrine rutile, à ses doigts des rubis jettent à nouveau leurs feux. Il a retrouvé sa splendeur passée. Sa canne à pommeau de nacre et d'argent lui confère une distinction inédite.

– Vous voilà aussi élégant que votre bienfaiteur, constate Brigby, un peu pincé.

– Quand verrai-je le roi ?

– Quand il lui plaira. En attendant, je vous suggère de vous mettre au tableau qu'il vous avait commandé. Vous en souvient-il ?

– Un échiquier, un sablier, un sabre, un casque, une Bible et un parchemin scellé, énumère Torrentius.

– Votre mémoire m'impressionne.

– Savez-vous que je me souviens, dans leurs moindres détails, de chacun des tableaux qui ont été brûlés ?

– Vous allez pouvoir les peindre à nouveau. Reconstituer la collection ! suggère Brigby en songeant qu'aux termes du contrat moral que le peintre a passé avec le roi en acceptant d'être exfiltré, toutes ces œuvres seront la propriété de Sa Majesté.

Torrentius acquiesce distraitement.

– D'autres affaires vont m'occuper, désormais, poursuit Brigby, mais je passerai régulièrement prendre de vos nouvelles, m'assurer que vous ne manquez de rien…

– À ce propos ?

– Oui ?

– Vous ne m'avez point donné d'argent.

– J'ai pourtant l'impression de n'avoir fait que cela.

– Je parle d'argent pour le quotidien. Le pain, la viande, le vin…

La demande de Torrentius paraît légitime à Brigby qui l'assure que le roi signera un décret pour le gratifier d'une pension régulière dès qu'il en aura le loisir. En attendant, il remet au peintre une bourse rebondie qui devrait lui assurer plusieurs mois de subsistance.

Une fois seul, Torrentius pose sur le chevalet un petit panneau de chêne. Ses yeux en parcourent longuement la surface, on pourrait croire qu'il lit, dans les veines serrées du bois, un message intelligible de lui seul. Sa main gauche s'élève, s'anime de mouvements brefs, comme si elle tenait un pinceau, puis retombe lentement. Torrentius soupire. Lorsque le crépuscule envahit la pièce, il s'ébroue et quitte l'atelier, en quête d'une taverne.

Il finira par trouver, du côté de Covent Garden, un établissement à son goût. Son allure princière, et ses largesses lui valent aussitôt des amitiés intéressées. Torrentius fascine ses nouvelles connaissances avec le récit de ses aventures. Les femmes s'apitoient ; elles aiment son mystère presque autant que ses écus. Ne serait son infirmité, il en aurait une sur chaque genou, comme au bon vieux temps du Faucon doré. Son histoire, mille fois narrée, devient une légende, on vient de loin pour l'écouter. Torrentius se taille en outre une réputation de viveur, de débauché. Il a dépensé l'intégralité de son pécule, et peut déjà se targuer d'avoir une ardoise à son nom.

Les échos de son comportement finissent par revenir aux

oreilles de Brigby qui retrouve l'atelier d'Islington dans l'état exact où il l'avait laissé : les pigments sagement alignés sur le buffet, les essences dans leurs flacons cachetés, les poils des pinceaux encore raides d'apprêt. Quant au panneau posé le chevalet, il a pris la poussière mais Torrentius n'y a pas esquissé une ligne. Grande est la colère de Brigby.

– Croyez-vous, monsieur, que l'on vous ait tiré des pattes des prédicants au prix de mille difficultés, que l'on ait bravé autant de dangers pour vous emmener en Angleterre, que l'on vous ait soigné, choyé, vêtu, doté de subsides plus que généreux ainsi que du meilleur matériel pour vous voir rester oisif et, pire, mener une vie de dissipation ?

– Je menais la même vie à Haarlem, fait observer Torrentius.

– Certes. Mais au moins passiez vous à peindre une partie de votre journée.

– Je ne puis saisir un pinceau sans être pris de frissons et de tremblements, confesse alors Torrentius d'une voix sourde. Ce seul geste ressuscite le souvenir des abominations auxquelles j'ai été soumis. Que mon regard effleure le chevalet et je revois le bûcher sur lequel on a brûlé mes biens, j'ai dans les narines son effroyable odeur. Il va me falloir du temps pour oublier, monsieur. Et du vin. Beaucoup de vin.

Tout en se demandant si Torrentius ne lui joue pas la comédie pour justifier sa paresse, Brigby admet qu'il a tout de même de bonnes raisons de n'être pas dans son assiette.

– Allez-vous me renvoyer à Haarlem ? geint Torrentius.

– Certes non ! Nous avons eu assez de mal à vous en faire sortir. J'en appelle néanmoins à votre sens du devoir. À votre gratitude ! Sa Majesté vous a tendu la main, elle admire votre talent, elle attend de vous le meilleur.

– J'en suis flatté, croyez-le.

– Ne pourriez-vous au moins songer au tableau qu'elle vous avait commandé ? Commencer quelques esquisses…

– À Haarlem, j'avais Klaas pour préparer mes couleurs et mes vernis, se plaint Torrentius. Ici aussi j'aurais besoin d'un apprenti.

– Mais vous ne faites rien !

– Trouvez-moi quelqu'un et vous serez surpris !

D'abord réticent, Brigby se dit, en fin de compte, qu'il pourrait être judicieux de placer auprès de Torrentius un homme qui le pousserait à travailler et lui rapporterait ses faits et gestes. Brigby promet de trouver quelqu'un et remet à son protégé une bourse aussi replète que la précédente.

Torrentius recale plusieurs candidats : l'un lui paraît trop mou, un autre a l'air fourbe, un troisième sent mauvais. La perle rare se nomme Charley. C'est un garçon tout en longueur qui fait penser à un échassier dont il a l'œil noir, mobile et inquiet. Tous les peuples de la terre semblent avoir participé à son élaboration : il y a en lui du Nègre, de l'Indien, du Malais, du Chinois. Selon l'heure et la lumière, il est plus ou moins l'un ou plus ou moins l'autre. Sa mère était l'une des prostituées les plus renommées du port, ceci expliquant sans doute cela. Charley qui vit d'expédients, comme on dit pudiquement, accepte la proposition de Brigby avec enthousiasme. Il est vrai que dans le cas contraire il eût été enrôlé de force dans la marine royale.

Torrentius s'entiche de ce gamin dont le physique improbable réveille son goût pour les curiosités. Charley est vif, déluré, dénué de sens moral, Torrentius va devenir le père qu'il n'a jamais eu ; il lui voue une manière de culte, adopte ses vices avec entrain au point qu'il voit rapidement gonfler son foie et suinter sa verge. Charley s'acquitte par ailleurs très scrupuleusement de son rôle de mouchard : Brigby connaît au décilitre près la quantité de vin qu'a bue Torrentius, le nom des filles qu'il a sautées et dans quelle position.

– Et son travail ? demande Brigby.

Charley ne comprend pas de quoi il veut parler.

– Il peint quelque chose ? Il grave ? Il dessine ?

Charley hoche négativement sa tête composite.

– Parfois, m'sieur Torrentius, y s'assied devant le truc, le machin, là…

– Vous voulez dire le chevalet, peut-être ?

– C'est ça. Le ch'valet. Y regarde le panneau de chêne qu'est posé dessus : on dirait qu'y voit des choses, alors que, bon, c'est juste une planche de bois.

Ses mains, poursuit Charley, remuent alors doucement devant lui comme feraient celles d'un aveugle suivant le contour d'un objet. Cette curieuse transe peut durer longtemps. Puis Torrentius réclame à boire. Brigby tente de se persuader qu'il s'agit là d'une forme de rituel ou d'une préparation mentale telle que la pratiquent, dit-on, certains guerriers avant le combat. Torrentius ne peut être jugé à l'aune commune, son exceptionnel talent est au prix de bizarreries telles celles-là. Le jour où Charley lui rapporte que « m'sieur Torrentius » a commencé à lui apprendre à broyer les couleurs, à fabriquer les vernis et à nettoyer les pinceaux, Brigby se frotte les mains. Il y aura mis le temps, l'animal, mais ça y est. Il va enfin se mettre au boulot. Passent les semaines. Toujours rien.

Torrentius n'est pourtant pas aussi oisif que Brigby l'imagine. Il exerce, en toute discrétion, une activité de consultant et d'expert technique. Depuis son arrivée à Londres, il envisageait de reprendre l'artisanat pornographique sans se décider à franchir le pas, Charley l'a mis en contact avec les bonnes personnes. Fabriquée d'après les plans de Torrentius et financée par Brigby, la presse a été installée dans une arrière-cour du quartier de Blackfriars. Torrentius supervise avec bienveillance le travail de quelques graveurs enthousiastes, corrige leurs erreurs, leur enseigne l'art de la morsure et comment on imprime. Une équipe dynamique se charge de la diffusion des estampes, la clientèle ne manque pas. Charley, évidemment, n'a pas soufflé mot de cette activité parallèle à Brigby qu'il se contente d'enfumer avec des informations anodines.

L'audience royale tant attendue est annoncée. Elle aura lieu en fin de matinée, au palais de Saint James. Torrentius, dans sa candeur, croit qu'il s'agit d'un tête à tête. Sa déception est grande lorsqu'il découvre une salle immense bondée de courtisans, de gens de robe, d'officiers. À défaut de compter parmi les plus élégants, Torrentius est le plus voyant, bien que Brigby ait refusé de financer ses dernières exigences vestimentaires. L'assemblée est en majorité masculine. Sir Dudley Carleton est présenté à l'artiste.

– Monsieur Torrentius, déclare le diplomate, c'est pour moi un grand bonheur et un grand honneur de vous rencontrer. Sachez que j'ai suivi jour après jour le déroulement du procès inique qui vous avait été intenté et que j'ai œuvré, avec toute mon énergie, pour vous arracher au triste sort qui vous attendait.

– Soyez-en remercié, monsieur. Du fond du cœur.

– Alors, dites-moi : comment trouvez-vous l'Angleterre ? Êtes-vous bien installé ? Avez-vous tout ce qu'il vous faut pour travailler ?

Torrentius s'apprête à répondre mais sir Dudley Carleton lui a déjà tourné le dos pour s'adresser à d'autres interlocuteurs, feignant le plus vif intérêt pour leurs propos qu'il n'écoute pas. Brigby, qui a observé le désarroi de Torrentius, lâche avec un haussement d'épaules :

– C'est ainsi. C'est la cour.

Enfin, le roi. On se presse pour l'approcher, on se tient à distance par respect. Torrentius, décontenancé, est emporté par un mouvement de foule et se trouve soudain face au souverain. Ignorant des usages, il esquisse la seule révérence que lui autorise son infirmité, une sorte de courbette pathétique, digne d'une marionnette. Le souverain se fige. On ricane sous cape. Sir Dudley Carleton, qui connaît son métier, intervient aussitôt :

– Majesté ! Permettez-moi de vous présenter M. Johannes Torrentius.

Il est manifeste que ce nom ne dit rien à son Altesse.

– M.Torrentius est ce peintre de natures mortes qui nous vient des Provinces-Unies…

– Oui, oui, absolument, assure le roi dont le regard reste incertain.

S'ils n'étaient entourés de courtisans, si Dudley Carleton rappellerait à Sa Majesté que Torrentius est également l'auteur de ces merveilleuses gravures érotiques que le souverain apprécie tant dans l'intimité de son cabinet.

– Majesté, je… je voulais vous dire… risque Torrentius.

– Comment trouvez-vous l'Angleterre ? coupe le roi. Êtes-vous bien installé ? Avez-vous tout ce qu'il vous faut pour travailler ?

À l'instar du diplomate un instant plus tôt, le roi tourne derechef le dos à Torrentius pour rendre son salut à un gros homme qui balaie le sol devant lui avec les plumes de son chapeau.

– Est-ce vraiment ainsi qu'il faut procéder ? demande Torrentius à Brigby en désignant le courtisan.

– C'est bien ainsi.

– C'est ridicule.

– C'est la cour, je vous l'ai dit.

– Je n'ai pas eu le temps de parler au roi de ma pension, déplore Torrentius.

– Il eût été malséant de la mentionner.

– Ah bon ? Mais alors quand ?...

– Tôt ou tard, le roi signera un décret vous l'attribuant. N'ayez aucune inquiétude.

De cette unique rencontre avec le souverain, Torrentius conservera un souvenir amer. Il s'attendait à des compliments sincères, il espérait visiter la collection royale, échanger avec le roi que l'on dit fin connaisseur. Il a été traité comme un courtisan de troisième zone.

– En d'autres temps, Sa Majesté aurait certainement apprécié une conversation savante avec vous sur des questions esthétiques, le console Brigby. Mais la situation est explosive : son ami Buckingham vient d'être assassiné et les rapports avec le Parlement sont de plus en plus tendus, alors vous comprendrez que votre personne et votre peinture ne sont pas ses priorités.

Torrentius digère l'humiliation. Pour se mettre à la page, il décide de faire tailler son prochain habit dans ce même tissu d'un gris lumineux qui sied si bien au roi.

Quelques semaines plus tard, Torrentius émarge, comme promis, au budget de la couronne. Brigby est venu lui annoncer la bonne nouvelle en personne. Et l'informer qu'il prélèvera sur la pension royale le montant des frais considérables engagés par lui pour installer et équiper l'atelier, sans parler du salaire qu'il verse à Charley. Torrentius proteste qu'il lui restera à peine de quoi fréquenter la taverne, Brigby répond :

– Si vous avez besoin d'argent, mettez-vous donc au travail !

– Ne me confondez pas avec votre tailleur ou votre bottier, auprès desquels il vous suffit de claquer des doigts pour obtenir l'article dont vous avez besoin. Un artiste ne travaille pas ainsi.

– Une commande vous a pourtant été passée, jadis. Et même à moitié payée.

– Je ne l'oublie point.

– Alors ?

– Ce n'est pas si simple, monsieur.

– Je ne comprends pas : vous avez un atelier, du matériel de qualité et même un assistant. Que vous manque-t-il encore ?

– Le désir, répond Torrentius qui s'abîme alors dans l'un de ces silences méditatifs dont il est devenu coutumier.

Incapable de réfréner son agacement, Brigby lance d'un ton mordant :

– Finalement, vous disiez peut-être vrai, à Haarlem : c'était bien le Diable qui maniait le pinceau à votre place. Que se passe-t-il ? Vous aurait-il abandonné ?

Brigby s'attend à une réplique indignée, Torrentius n'a qu'un rire triste.

– Il y a de ça.

– Est-ce donc lui que vous espérez trouver entre les cuisses des filles ? enchaîne Brigby sur sa lancée. Est-ce lui que vous cherchez chaque soir au fond des bouteilles ?

Torrentius répète : « Il y a de ça », un ton plus bas et Brigby a le sentiment d'avoir touché juste. Il en tire plus d'embarras que de satisfaction et se hâte de prendre congé.

Six mois plus tard, sir Dudley Carleton exige soudain de savoir où en est le tableau commandé par Sa Majesté, il se dit prêt à venir à Islington. Brigby essaie de ne pas céder à la panique. Il est d'abord tenté de répondre que l'atelier de Torrentius vient malencontreusement de brûler, que des voleurs ont tout emporté ou que le peintre est à l'agonie. Foin de ces mensonges puérils ! Il a été capable d'arracher Torrentius à sa prison, de lui faire traverser la mer dans des conditions épouvantables, il doit affronter la situation en homme.

Brigby vient tambouriner à la porte de l'atelier en fin de matinée. Maître et serviteur sont encore assoupis, cuvant sans doute les excès de la veille. Persuadé que leurs activités inavouables ont été découvertes et que l'on vient les arrêter, Charley est tétanisé.

– Ouvrez, bordel !

Reconnaissant la voix de Brigby, le domestique fait glisser les verrous.

– Vous me foutez dans une merde ! tempête Brigby oubliant toute retenue. Dans une merde !

Torrentius se fait servir un verre et expliquer l'affaire.

– Pourquoi avez-vous donc si peur ? demande-t-il. Si quelqu'un doit être blâmé de la situation, c'est moi, pas vous !

– Je suis votre garant. L'on vous trouvera peut-être des excuses, pas à moi.

– Allons, allons, monsieur. Calmez-vous. Je vais arranger votre affaire.

– Comment ? Sir Dudley Carleton vient demain. Même en vous y mettant tout de suite, vous ne pourriez pas lui peindre son tableau !

– Qui vous parle de peindre ?

– Quoi ? Que comptez-vous faire ?

– Voulez-vous bien me laisser agir à ma façon ? Contentez-vous de rester en retrait sans rien dire. Klaas, mon garçon, j'ai besoin d'un verre et de ton aide.

– Je suis Charley, monsieur, ne vous en déplaise.

– Charley, bien sûr. Où ai-je la tête. Monsieur, je ne vous retiens pas. À demain.

Brigby ne dort pas de la nuit. Il contemple son poignard, essayant d'imaginer ce que cela fait lorsque la lame s'enfonce dans les chairs, la pointe cherchant le cœur. De cette méditation morbide il conclut que l'exil vaut quand même mieux que la mort.

Lorsque le carrosse de sir Dudley Carleton s'arrête devant la maison d'Islington, Brigby est dans un état second. Le diplomate, au contraire, est d'humeur légère, sans doute à cause d'une petite brise tiède qui apporte un avant-goût de printemps. Parce que sinon, dans le royaume, on ne peut pas dire que ça s'arrange : le roi a fini par dissoudre le Parlement, du jamais vu. Des clans se forment, des haines s'enkystent, on affûte des rancœurs dans l'ombre. Les plus lucides prédisent une guerre civile.

– Allons voir notre artiste ! claironne sir Dudley Carleton en descendant du carrosse. Brigby monte les marches derrière lui, la tête basse, incapable d'imaginer un quelconque stratagème, déjà résolu à perdre son honneur, sa dignité, sa fortune.

La mine grave et la tignasse peignée, Charley ouvre la porte et s'efface pour laisser entrer le prestigieux visiteur. Brigby, sur ses talons, a soudain l'impression d'avoir été transporté dans le temps, d'être revenu dans l'atelier de la Zijlstraat : il y règne la même odeur et le même désordre, mélange de chiffons, de fusains, de flacons ouverts, de pinceaux, de couleurs dont l'apprenti a préparé de petites quantités sur des carreaux de céramique. Disposés sur un tabouret, Brigby reconnaît les divers éléments de la composition : sablier, échiquier, parchemin, sabre et casque. Ne manque que la Bible. Une odeur de brûlé, un peu âcre, flotte à travers la pièce : elle vient du foyer la cheminée dans laquelle un lot de planchettes achève de se consumer, dégageant une fumée piquante. Torrentius lui-même est tassé dans un fauteuil, une couverture autour des jambes, un foulard noué à la Diable autour du cou, l'air mauvais. Il tisonne rageusement les braises.

– Comment allez-vous ? lui demande sur Dudley Carleton en s'approchant.

– On ne peut plus mal, répond l'intéressé.

– Seriez-vous souffrant ?

– Non point. Encore que je souffre à ma façon.

– Voyons. Contez-nous cela, enjoint le diplomate d'un ton bonhomme en tirant lui-même une chaise pour s'installer en face de Torrentius.

Brigby demeure en retrait, ainsi qu'il le lui a été recommandé. Torrentius commence :

– Vous veniez voir votre tableau, je suppose ? Ou plutôt, le tableau de Sa Majesté ?

– Absolument.

– Il faudra repasser dans six mois. Ou dans un an.

– Vous ne l'avez donc pas terminé ?

– Si. D'une certaine manière. Voilà ce qu'il en reste ! déclare Torrentius en désignant les braises fumantes.

Si Dudley Carleton met un instant à comprendre et sursaute.

– Je l'ai brûlé ! précise Torrentius.

– Mais pourquoi, mon ami ? Pourquoi cette folie ?

– Je l'ai brûlé, monsieur, parce qu'il était mauvais.

– Mauvais ? Allons ! Un artiste tel que vous ne peut rien

peindre qui soit mauvais !

– Vous avez raison. Il n'était pas mauvais. Il était médiocre. C'est pire.

– Voyons, voyons, voyons, murmure sir Dudley Carleton incapable de trouver une formule adaptée à cette situation inédite.

– M. Torrentius en a déjà détruit deux autres ! lance alors Charley.

– Ce n'est pas possible !

– Le niveau d'exigence de M. Torrentius est tellement élevé ! soupire le domestique.

En entendant Charley prononcer cette phrase qu'il a dû apprendre par cœur, Brigby comprend qu'il s'agit d'un numéro que les deux hommes ont répété avec soin et il commence à se détendre.

– Vous êtes trop sévère avec vous-même ! dit le diplomate.

– Monsieur ! Oublieriez-vous que je travaille pour le roi ? s'exclame Torrentius.

Le ton est si juste, la prestation si remarquable que Brigby se retient d'applaudir.

– Qu'allez-vous faire ? interroge sir Dudley Carleton.

– Me remettre à l'ouvrage, dit Torrentius en se levant avec difficulté. Pardonnez-moi ce mouvement d'humeur, monsieur, mais se voir contraint de jeter au feu le résultat de plusieurs mois d'un travail acharné, c'est un moment bien pénible, croyez-le.

– Vous avez connu bien d'autres vicissitudes, mon ami, murmure le diplomate en posant sur l'épaule de Torrentius une main compatissante. Vous ne vous laisserez pas abattre et vous atteindrez votre but. Je n'ai pas le moindre doute là-dessus.

– Amen, conclut Brigby.

– Un personnage hors du commun ! s'enthousiasme sir Dudley Carleton au retour.

Un mystificateur hors du commun, corrige Brigby *in petto*.

– Combien d'artistes sont aussi perfectionnistes ?

– Bien peu, monsieur. Bien peu.

– Quand je conterai cela au roi...

L'atelier restera désormais dans l'état où Brigby l'a vu. En y pénétrant, on a toujours l'impression que Torrentius vient à l'instant de poser ses pinceaux après une rude journée de labeur. Mais hormis le suivi de l'activité pornographique, il ne travaille toujours pas.

– Pourquoi peint-on ? demande-t-il lorsqu'il se sent assez soûl pour avoir envie de philosopher.

– Pour le plaisir des yeux, répond Charley, croyant que la question s'adresse à lui.

– Mauvaise réponse.

– Pour gagner de l'argent ?

– Voilà qui est mieux... Mais qui ne suffit pas... Je peignais pour comprendre, vois-tu, soliloque Torrentius. Pour percer les secrets de la lumière. Pour découvrir les liens invisibles qui unissent les êtres et les choses, pour mettre en évidence l'ordre mystérieux qui les gouverne. Comprends-tu ?

– Pas un mot.

Torrentius sourit et lui donne son verre à remplir.

– Ma peinture tendait au silence. Elle était le silence. Il se dégageait des objets que j'avais mis en scène une froide évidence. Une vérité qui s'imposait en douceur, même aux plus ignorants. Rares sont les peintres qui sont parvenus à ce résultat, Charley, tu peux me croire ! Holbein, Dürer, Mantegna... Et les autres, me diras-tu ? Les autres ne produisent que des images ! Même Hals qui est si doué. Ne proteste pas !

Protester, Charley en serait incapable : il s'est endormi, du sommeil de l'innocent. Et les noms cités par son maître lui sont inconnus.

– À la fin de mon apprentissage, poursuit Torrentius, mon maître, Piet Hogaert, m'a suggéré de me rendre en Espagne pour enrichir ma technique. Sur place, j'ai entendu parler d'un peintre que l'on surnommait « Le Grec ». Certains le considéraient comme un génie, d'autres comme un fou. J'ai pensé que c'était le mentor qu'il me fallait. Lorsque je suis arrivé à Tolède, les cloches sonnaient. Les rues étaient remplies d'une foule en liesse, j'ai cru à un baptême, à un mariage princier, à la fête d'un saint local. Il s'agissait d'un autodafé. Une poignée de marranes que l'Inquisition avait décidé de brûler après avoir fait main basse sur leurs biens. Les femmes et les enfants se pressaient pour mieux voir le supplice, prêtres et diacres, le sourire aux lèvres, distribuaient les bénédictions comme des dragées. Ce jour-là, Charley, alors que les suppliciés hurlaient et se tordaient au milieu des flammes, j'ai cessé de croire en ce Dieu derrière lequel on s'abrite pour voler et assassiner d'autres hommes en toute impunité. Renonçant à rendre visite au Grec, je suis rentré chez moi. Jamais plus je ne peindrais de sujets religieux, jamais plus je ne peindrais ces monstres que l'on appelle des hommes. La nature morte m'offrait un champ d'étude et de réflexion à peu près infini, j'ai résolu de devenir le meilleur. À mon retour, le conflit entre Catholiques et Réformateurs battait son plein. Je me suis abstenu de prendre parti flairant qu'il s'agissait, au fond, des deux faces d'une même médaille. La suite m'a donné raison, vois-tu, les prédicants n'ont été ni moins cruels, ni moins acharnés que l'Inquisition espagnole. Pour n'avoir pas cédé quand ils me torturaient, j'ai cru être le plus fort. Je me trompais. Ils n'ont pas seulement broyé mes chevilles et mes genoux, Charley, ils sont parvenus à briser le ressort qui m'animait. Je ne parviens plus à peindre, j'en ai perdu le goût et l'envie. Je ressemble à un coquillage dont on admire les reflets nacrés, oubliant qu'il n'y a plus rien de vivant à l'intérieur. En fait, Charley, les prédicants ont gagné, je suis mort.

Charley s'en fout. Bouche ouverte, posture alanguie, il ronfle. Torrentius lui jette un regard d'envie et se ressert à boire.

À la taverne, l'étoile de Torrentius a pâli. Tout le monde connaît par cœur sa terrible histoire et il n'en a point d'autres à raconter. Il passe désormais des heures seul à sa table, buvant jusqu'à l'hébétude. C'en est fini aussi des joutes verbales, des théories inspirées de Paracelse et des Rosicruciens, les jeunes les trouvent rasoir. Torrentius n'intéresse plus personne ou seulement à titre de curiosité. Les filles lui témoignent encore une affection de commande, du moment qu'il les paie. Ne seraient les gravures cochonnes qui continuent à rapporter de gentils bénéfices, Charley se serait trouvé un autre patron. Torrentius provoque les voyous dans l'espoir d'une bagarre et contemple désormais les remous gris de la Tamise avec l'envie de s'y jeter.

Dans le pays, la tension monte. Pas besoin d'être prophète pour comprendre que les partisans de Cromwell et ceux de Charles Ier ne vont pas tarder à passer aux choses sérieuses. Sir Dudley Carleton et Brigby, qui voit s'évaporer ses rêves d'anoblissement, restent fidèles au roi tout en se demandant s'ils ne misent pas sur le mauvais cheval. C'est l'heure des bilans et sir Dudley Carleton constate que Torrentius s'est amplement payé leur tête.

– Son perfectionnisme ? Du vent ! Une simple excuse à sa paresse ! Il est heureux pour nous que sa Majesté l'ait complètement oublié ! De quoi aurions-nous l'air si elle se rendait compte qu'elle rémunère chaque mois, depuis plus de dix ans, un peintre qui ne peint pas ?

Et que diriez-vous si vous saviez, ainsi que je viens de le découvrir, que Torrentius est à nouveau impliqué dans un trafic d'images pornographiques ? soupire Brigby en son for intérieur. Si demain ce puritain de mes deux de Cromwell, devait étendre son pouvoir, ma tête tomberait et la vôtre aussi, je le crains !

– Envisagez-vous de lui faire supprimer sa pension ? demande Brigby.

– Surtout pas ! L'animal serait capable d'aller la réclamer au roi en faisant du tapage. Et par les temps qui courent, mieux vaut s'éviter ce genre de publicité... C'est fou comme on peut se tromper, poursuit sir Dudley Carleton en veine de réflexions profondes. Voyez les Flamands : on les dit pingres et travailleurs acharnés, Torrentius en est le parfait contre-exemple : cossard et dissipateur. Les Italiens, au contraire, passent pour être fantaisistes et peu fiables. Avez-vous vu le travail d'Orazio Gentileschi au palais de Greenwich ?

– Point encore.

– Des fresques splendides. Un travail impeccable, réalisé sans dépassement de budget, dans les délais convenus. Sa fille Artemisia vient d'ailleurs de le rejoindre à Londres, invitée par le roi.

– Sa fille ?

– Vous n'avez jamais entendu parler d'elle ?

– Non.

– Artemisia est peintre, comme son père. Très supérieure à lui, si vous voulez mon avis.

Une femme ? Peintre ? Brigby n'en revient pas. Certes, c'est une Italienne et ces gens-là ne sont pas comme nous, mais tout de même. Certains propos du Dr Barnfield lui reviennent en mémoire et il frissonne : on vit une drôle d'époque. Le roi, poursuit sir Dudley Carleton, a fait l'acquisition d'un tableau signé de la main d'Artemisia figurant Lucrèce, son poignard sur le sein. Lorsqu'il a su que l'artiste s'était prise elle-même pour modèle, il n'a eu de cesse de la faire venir à Londres. Brigby n'apprécie guère cette anecdote qui lui rappelle fâcheusement celle de Torrentius se portraiturant en satyre dans son œuvre pornographique.

Tout Londres ne parle bientôt plus que de cette Artemisia qui conjugue talent et beauté. À l'instar de Brigby, Torrentius peine à croire qu'une femme soit capable de peindre aussi bien, voire mieux qu'un homme. Il flaire quelque supercherie, un enfumage à l'italienne, et décide d'une visite impromptue à l'atelier de la belle afin d'en avoir le cœur net. Il surprend l'artiste le pinceau à la main. Artemisia porte, pour travailler, un vieux jupon et un caraco constellé de taches ; des mèches rebelles s'échappent de son chignon, elle dégage une forte énergie et un charme puissant. Prenant Torrentius pour un riche amateur, la jeune femme lui montre des tableaux auxquels elle apporte les dernières touches : une Suzanne et les vieillards, une sainte Catherine, une Cléopâtre, autant de sujets qu'elle a coutume de traiter, dit-elle, mais dont elle s'efforce de renouveler l'approche. Torrentius observe que les trois femmes qu'elle a représentées ressemblent peu ou prou à l'artiste elle-même, ce qui est d'autant plus troublant que Suzanne est à demi nue et Cléopâtre entièrement. Dans un coin de l'atelier, un grand miroir noyé d'ombre est celui dont Artemisia doit se servir pour réaliser ses autoportraits en pied. « Qu'est-ce qui fait, se demande Torrentius, que les nus de Rubens m'ont toujours laissé de glace alors que ceux-là me font bander ? Serait-ce parce qu'ils sont de la main d'une femme qui en plus est séduisante ? » En réfléchissant par la suite à cette question, il parviendra à la conclusion que Rubens peint une représentation convenue de la féminité, alors qu'Artemisia observe son corps et le peint sans complaisance, d'où l'émotion qui se dégage de ses tableaux. Force lui est de constater que la jeune femme possède une technique éprouvée et une manière très personnelle de faire vibrer la couleur. Torrentius, pourtant habile discoureur, se contente de bredouiller un compliment banal, balaie le sol de son chapeau ainsi qu'il a vu faire à la cour, et boitille à reculons vers la porte. « Il n'a pas aimé ce que je fais et n'a pas osé me le dire », pense Artemisia. Elle reprend ses pinceaux et oublie son visiteur. Torrentius, de son côté, s'en veut d'avoir été si froid, si distant, si prude. À croire que les mœurs anglaises déteignent sur lui. C'est la première fois qu'il rencontre une femme qui soit son égale, il a été décontenancé. Dans une autre vie, peut-être serait-il tombé amoureux d'elle, il l'a trouvée fort désirable. Torrentius n'a plus la force de peindre, il a encore moins celle d'aimer. Velsaert, en fin de compte, l'aura vraiment dépouillé de tout. La descente aux Enfers promise par le bailli a déjà commencé. Torrentius passe désormais son temps à la taverne, il y noie ses frustrations dans le vin et la bière forte à laquelle il a pris goût. Charley ne fait plus que de rares apparitions ; il remet à Torrentius sa quote-part, les quelques shillings tirés du commerce des estampes licencieuses, et s'enfuit. L'état de décrépitude de son patron lui colle le bourdon.

La guerre civile est sur le point d'éclater, tout commence à se détraquer. Brigby s'occupe à placer sa fortune à l'étranger, Artemisia Gentisleschi se hâte de quitter Londres après y avoir enterré son pauvre père, mort à la tâche. Torrentius reste indifférent à l'effervescence générale considérant que les affaires de ce royaume ne le concernent pas. Jusqu'au jour où sa pension ne lui est plus versée. Charley a cessé de venir, soit par lassitude, soit qu'il ait déjà perdu la vie. Torrentius, qui se sent abandonné, végète désormais dans un état d'ébriété permanent. Un matin, il se résout à monnayer les vêtements et les bijoux qui lui restent. Se gardant de régler son ardoise à la taverne, il se dirige vers la côte Est. À Harwich, il doit payer au prix fort son passage pour Amsterdam. La traversée est épouvantable, dix fois l'on a failli chavirer. C'est à croire que les Erinyes lui en veulent personnellement. Lorsqu'il débarque enfin, Torrentius ressemble à ces miséreux que Rembrandt se plaît à dessiner : la barbe et les cheveux encroûtés de saleté, les pieds et la tête enveloppés de chiffons graisseux faute de bottes et de bonnet. Il neige à Amsterdam, un vent glacial amasse des congères au coin des ponts et des rues. Torrentius n'a même plus, en poche, de quoi s'acheter un petit pain. Il compte sur le Dr Lusitano pour lui venir en aide ; incapable de se souvenir de son adresse, il se rend à la synagogue pour apprendre que le médecin repose à présent au cimetière. Ému par sa détresse, un jeune rabbin lui glisse une aumône. Torrentius est brièvement tenté de se rendre à l'épicerie de Houtmans pour régler ses comptes avec le délateur, mais il n'en a pas la force.

Le seul et dernier espoir de Torrentius c'est sa mère, Symontgen, qu'il n'a pas vue depuis plus de vingt ans. Pour autant qu'elle ne soit pas morte, elle aussi. Il retourne dans leur ancien quartier, interroge les rares passants qu'il croise et finit par venir frapper à la porte qu'on lui a indiquée. La vieille femme qui lui ouvre est bien Symontgen, il la reconnaît sur le champ, elle s'est juste un peu ratatinée au fil des années. Symontgen, en revanche, peine à admettre que cet effroyable mendiant soit son fils. Torrentius doit lui raconter deux ou trois anecdotes connues d'eux seuls pour l'en convaincre. Elle lui ouvre sa porte. La pièce unique où elle habite sent la cire et reluit de propreté ; Torrentius reste debout. Les haillons qui lui tiennent lieu de chaussures forment sur le carrelage une flaque noir et puante, il est trop épuisé pour en avoir honte. Symontgen prépare un bain pour son fils et le lave, ignorant que sa terrible maigreur doit plus à l'abus d'alcool qu'aux privations. La scène constituerait un joli sujet pour un peintre ; on pourrait l'intituler : Pieta dans un intérieur hollandais. Torrentius, gagné par la fièvre, est bientôt saisi de tremblements incoercibles. Il est la proie de cauchemars terrifiants, croyant voir grouiller un peuple d'insectes et de rats dans les quatre coins de cette pièce immaculée. Il hurle et jure effroyablement. Symontgen, qui lui a donné son lit, éponge son front et son torse baignés de sueur, priant à voix haute pour ne point entendre le flot de mots orduriers qui s'échappent de la bouche de son fils. Elle aimerait bien savoir, tout de même, ce qu'il lui est arrivé au cours des vingt années passées, et quel genre d'accident a pu lui mettre les jambes en pareil état mais Torrentius, après une phase d'agitation extrême a sombré dans une léthargie dont il va mettre plusieurs jours à émerger. Sa robustesse, et la volonté de Dieu selon sa mère, lui permettent, une fois encore, de survivre. Dire qu'il se réveille en pleine forme serait exagéré, mais il parvient à tenir debout et il a faim. Symontgen s'endette auprès du boucher afin de lui offrir des viandes roboratives, auprès du fripier pour le vêtir décemment, sinon élégamment. Sa curiosité est vive, mais Torrentius élude ses timides questions. Pour épargner sa mère, il aimerait pouvoir lui raconter une histoire acceptable et décente, mais son imagination est liée à sa consommation d'alcool et depuis son arrivée à Amsterdam, il n'en a pas bu une goutte. Il demeure silencieux.

Symontgen, on s'en souvient, est catholique. Et fort pieuse. Chaque jour, elle se rend à l'église pour assister à la messe. Dans le secret du confessionnal, elle décrit le retour inopiné de son Johannes, évoque ses questionnements, ses inquiétudes. Émerveillé par le récit de sa paroissienne qui lui rappelle furieusement la parabole du fils prodigue, le vicaire, s'empresse de rapporter l'histoire au curé, lequel a l'impression d'avoir déjà entendu quelque part ce nom de van der Beeck. Il fouille sa mémoire et finit par se souvenir d'un procès qui a eu lieu à Haarlem. Les prédicants ont condamné à une longue peine de réclusion, pour apostasie et pornographie, un certain Johannes van der Beeck, dit Torrentius, libertin notoire. Le prévenu s'est évadé quelques mois plus tard au nez et à la barbe du bailli Velsaert, ce qui a fait rire à ses dépens. Un des complices de van der Beeck a été rattrapé et pendu dans les jours qui ont suivi, l'autre, un apothicaire du nom de Cornelisz, est parvenu à prendre le large. Dieu veillait, sans doute, et le *Batavia* sur lequel il naviguait s'est fracassé sur les récifs avant de parvenir à Java, terme de son périple. Réfugié sur un îlot avec une centaine de rescapés, Cornelisz s'est comporté d'une façon si abominable que lui aussi a été pendu sans autre forme de procès dès l'arrivée d'un navire de secours.

Pour être autorisés à exercer leur culte, les catholiques sont tenus de s'acquitter d'une amende auprès du bailli local. Du moment que l'argent est versé régulièrement, les autorités se montrent plutôt coulantes. Or récemment, la paroisse, fort démunie, s'est vue incapable d'honorer ses obligations et le bailli a menacé d'appliquer à la lettre les règlements de police.

Le retour chez sa mère de ce fils indigne surgi de nulle part apparaît au curé comme une manifestation de la divine providence. Vêtu de son habit le plus noir, coiffé de sa plus épaisse perruque, il demande audience au bailli.

– M'apportez-vous enfin l'argent que vous me devez? demande ce dernier.

– Je vous apporte beaucoup plus, monsieur.

Et le curé de conter au bailli l'affaire Torrentius.

– L'évadé est chez sa mère où vous n'aurez qu'à le cueillir, conclut-il. Il est fort affaibli et ne présente aucun danger pour vos hommes.

Le bailli sourit. Velsaert est devenu un personnage important: lui apporter la tête de Torrentius sur un plateau favorisera son avancement. D'un trait de plume, il efface la dette de la paroisse.

Au petit jour, une escouade investit le logement de Symontgen. Ainsi que l'avait prédit le curé, Torrentius ne manifeste aucune résistance. On l'enchaîne et on le traîne dehors sans égard pour les pleurs et les supplications de sa mère. Il passe deux jours à la prison du Heiligeweg où son père a été incarcéré jadis, le temps que Velsaert fasse le déplacement depuis Haarlem. En découvrant Torrentius, le bailli se demande s'il n'y a pas erreur sur la personne tant ce dernier lui paraît émacié, vieilli.

– Êtes-vous bien Johannes van der Beeck, dit Torrentius? demande-t-il.

– Serviteur, monsieur! répond Torrentius en balayant la paille du cachot avec un invisible chapeau.

Cet ironique salut est bien dans la manière du peintre. Velsaert se fait apporter un siège.

– Vous n'êtes pas sans savoir que nous allons vous pendre, Torrentius.

– Je n'en attendais pas moins de votre part.

– Pourquoi êtes-vous revenu ?

– La cuisine de ma mère me manquait…

– Savez-vous ce que je crois, monsieur van der Beeck ? C'est que le roi d'Angleterre a cessé de vous trouver pittoresque et qu'il vous a ignominieusement chassé !

– Vous vous trompez, monsieur. Le roi est mon ami. Je suis rentré de mon plein gré.

Velsaert connaît assez Torrentius pour savoir qu'il devra se contenter de ce mensonge.

– Il n'est point trop tard pour regretter vos errements et demander pardon à Dieu ! tonne-t-il.

– Mes errements ?!

Un sourire se dessine dans la barbe de Torrentius qui finit par rire de bon cœur en répétant :

– Mes errements !

Réprimant une forte envie de gifler l'insolent, le bailli quitte la cellule.

On s'épargne, cette fois, les frais et la mise en scène d'un bûcher. Torrentius est rondement mené au gibet. On donne lecture d'un acte bref pour rappeler les termes de sa condamnation et le bourreau fait son office. Pour la somme de neuf florins, il se charge ensuite, selon l'usage établi, de jeter le corps de Torrentius à la fosse commune.

Velsaert est reconnaissant à Dieu de lui avoir permis de rendre justice. Une ombre, un doute, entachent toutefois sa satisfaction : Torrentius ne s'est-il pas livré délibérément à la mort ?

Ce serait alors un péché plus épouvantable encore que tous ceux dont il s'est rendu coupable. Un péché dont, lui, Velsaert, aura été l'instrument…

Note de l'auteur

Tout a commencé par un naufrage. Celui du *Batavia* raconté par Simon Leys (*Les Naufragés du Batavia*, Éditions Arléa). Torrentius y apparaît à la page 53. L'histoire de ce peintre dont il ne reste qu'un seul tableau, conservé au Rijksmuseum d'Amsterdam m'a aussitôt fasciné. Le très beau texte que Zbigniew Herbert lui consacre n'a pas échappé à Simon Leys. Il est intitulé : « Nature morte avec bride et mors » dans le recueil éponyme (Éditions Calmann-Levy).

Mike Dash cite également Torrentius à plusieurs reprises dans son *Batavia's Graveyard*. J'ai enfin butiné, sur le site anglophone Arthistoriesroom les éléments qui m'intéressaient.

N'étant ni érudit, ni poète, ni historien, j'ai longtemps estimé que je n'avais aucune légitimité à parler de Torrentius. Le temps a fini par balayer ces scrupules : c'est en conteur que je me suis lancé dans ce récit, empruntant aux uns et aux autres les bribes qui me convenaient, inventant le reste de toutes pièces.

Remerciements

Merci à Clémence Droz pour ses recherches éclairées,
à Benoît Noël pour ses conseils de lecture,
à Mikaël Olliver et Viviane Moore pour leurs encouragements bienveillants,
à Isabelle Anex pour son appui,
à Paul Berthier et Éric Adda pour leur lecture critique,
et surtout à Sylvie Nordheim qui m'a donné l'impulsion nécessaire pour entamer l'écriture de ce roman.

Merci aussi à Héloïse d'Ormesson de m'avoir ouvert la porte de sa maison d'édition.

Création graphique et réalisation
Anne-Marie Bourgeois / m87design

Achevé d'imprimer en France par EPAC Technologies

N° d'édition: 4550414311419

Dépôt légal: août 2019